공교육을 뒤엎자

팬데믹, AI, 메타버스... 급변하는 세상에서 내 아이 잘 키우려면

학부모가 나서서

공교육을 뒤엎자

40년 경제학자의 격정 교육개혁 보고서

저자 김정호

비비트리북스

공교육을 뒤엎자!

 아이들이 곧이곧대로 학교만 왔다 갔다 하다가 졸업을 하면 어떻게 될까? 십중팔구 실업자 신세가 될 것이다. 실제 세상에서 부딪히는 문제는 5지선다형이 아니다. 그런데도 아이들은 학교 다니는 내내 수능 답 맞히기 연습만 한다. 좀 심하게 말하면 현재의 공교육은 실업자 양성 교육이다. 이대로 가면 당사자인 학생도 망하고 나라 경제도 망한다. 그나마 스마트폰도 보고, 게임도 하면서 학교 밖 공부를 하니까 망정이지, 학교 공부만 한다면 그야말로 모두가 사회 부적응자로 길러질 것이다.

우리나라의 교육이 문제라는 사실은 누구나 다 안다. 그래서 교육자들, 대통령 후보들이 교육 개혁을 외쳐온 지 벌써 30년째다. 창의교육, 논술시험, 학생 중심 수업, 입학사정관제 등등 일일이 다 열거하기도 힘들 정도다. 하지만 실제로 달라진 것은 거의 없다. 처음엔 뭔가 좀 되는 듯하다가 다시 원점으로 돌아가곤 했다.

가장 큰 이유는 개혁을 하면 곤란해지는 사람이 많기 때문이다. 학교에 자율권을 주면 공무원은 힘을 잃고, 학생 중심 수업을 하면 교사는 힘들어진다. 시간이 지나다 보면 결국 그들이 개혁의 칼자루를 쥐게 되어 흐지부지될 수밖에 없다. 혁신학교라는 것도 당장 편한 쪽으로만 진행된다. 학력 격차를 없앤다며 시험을 줄인 것이 대표적이다. 시험이 없으면 학생은 행복하고 교사도 편하다. 하지만 기초 학력은 뒷걸음을 친다. 주입식 교육을 버리더라도 시험은 봐야 한다. 4지선다형이 아니라 논술로 봐야 한다. 그러면서도 채점에 시비가 없는 장치를 마련해야 할 책무가 교사와 공무원들에게 있지만 그저 편한 것만 취해 왔다. 부모의 속타는 마음을 아는지 모르는지…

 이제 학부모가 교육개혁의 주체로 나서야 한다.
학부모가 원하는 방향으로 교육이 바뀌게 해야 한다. 생각만 바꾸면 얼마든지 가능하다. 교육 예산을 학부모에게 나눠주고 학교를 선택하게 하라. 공사립을 막론하고 학교는 학부모가 납부한 그 돈을 받아 운영비와 인건비로 쓰게 하라. 학교에 교육의 자유를 주고, 책임도 지게 하라. 선택을 못 받는 학교는 문을 닫게 해야 한다.

 공립학교들도 학생과 부모의 선택을 받기 위해 초비상이 걸릴 것이고 온갖 머리를 짜낼 것이다. 그러는 과정에서 새로운 방법을 찾아내고 또 만들어 낼 것이다. 새 시대를 열어갈 K-교육도 진화되어 나오리라고 본다.

이건 기존 공교육을 뿌리부터 뒤엎는 것이다. 현재의 공교육은 학생에게 선택권이 없다. 공무원이 정해준 학교에 가서 공무원과 교사가 정한 내용을 정해진 시간표대로 배워야 한다. 그 결과는 교실 붕괴다. 아이들은 학교에 가서 잠만 잔다. 그런데도 공무원들은 무상교육이라며 마치 큰 인심을 쓰는 듯한다. 세금은 국민이 냈는데 생색은 공무원들이 낸다. 공교육의 이런 판을 뒤엎어야 한다. 교육예산을 학교에 주지 말고 학생 수로 나눠서 학부모에게 나눠주자.

미국의 차터 스쿨, 영국의 아카데미 스쿨이 모두 그렇게 한다. 스웨덴은 유치원부터 고등학교까지 모두 그런 방식으로 운영한다. 학생과 학부모 입장에서는 완전 무상교육이지만 교사들 입장에서는 선택을 못 받으면 문을 닫아야 하니 사립인 셈이다. 사립과 공립을 구분할 필요가 없다. 공무원과 교사들은 극렬히 저항할 것이다. 하지만 아이들을 위해서 관철시켜야 한다. 그 일에 학부모가 나서서 한다.

이런 이야기들을 책에 담았다.

학문의 세계에 발을 들여놓은지 어느새 40년이 됐다. 교육에 대해서는 10년 전부터 본격 관심을 가져왔는데 두 번째 책을 내게 되었다. 아이들이 미래를 제대로 준비할 수 있도록 교육이 거듭나는 데에 조금이나마 도움이 되면 좋겠다.

2022년 6월 2일

김 정 호 씀

【차례】

프롤로그
    5 • 공교육을 뒤엎자!

제1장 카이스트 총장이 애타는 이유
    16 • 카이스트는 왜 K-Pop 이수만을 초빙했나?
    20 • 아이들과 교사들, 서로 다른 눈높이
    22 • 민간이 더 치열하다
    23 • 치열함의 뿌리는 절박함
    25 • 실업자 양성소로 전락해가는 공교육
    30 • 스쿨 빅뱅, 공교육을 뒤엎자
    33 • 책 내용 미리 보기

제2장 해로운 교육, 이로운 교육
    40 • 자녀에게 고기 잡는 법을 가르치라
    43 • 배울수록 추락하는 아프리카
    45 • 교육이 경제를 망칠 때
    47 • 배울수록 둔해지는 북한식 교육
    50 • 교육과 경제: 대한민국 건국 이후
    52 • 교육과 경제: 조선 사대부의 시대
    56 • 모방형 경제의 수명이 다했다

57 • 교육 이대로 두면 경제위기 온다
59 • 새로운 인재상
63 • 퇴화된 질문 능력
66 • 참담한 컴퓨터와 영어 말하기 능력
70 • 절박한 기업들
72 • 학벌 시대의 종말

제3장 발목 잡는 학교들

79 • 컴퓨터 전공자 하나 못 늘리는 대학들
84 • 교사 이기주의에 막힌 초중고 컴퓨터 교육
88 • 전문가도 없이 메타버스 교육을?
91 • 갈팡질팡 영어 교육
96 • 학교 가면 사라지는 아이들의 호기심
99 • 혁신교육 : 겉으론 학생 중심, 속으론 교사 중심

제4장 교육도 비용도 사립이 더 낫다!

110 • 공립초와 사립초가 코로나 대응에 보인 차이
112 • 컴퓨터 교육도 사립초가 더 낫다
113 • 영어 영어 영어
115 • 자사고가 뭐길래?
121 • 사립유치원은 억울하다
125 • 귀족 사립? 공립이 더 비싸다
130 • 숨겨진 납세자 부담
131 • 공립의 숨겨진 비용
138 • 절박함이 사립을 더 낫게 만든다

제5장 사립 같은 공립, 공립화된 사립

144 • 영국 Long Close School의 스파이 데이 수업
146 • 프랜차이즈 학교? 영국 아카데미 스쿨 이야기
151 • 시동을 건 미국 메타버스 공립 학교
154 • 한 딸아이 엄마의 차터 스쿨 체험기
158 • '무상교육+교육 자유'를 누리는 네덜란드 사립 학교들
162 • 누구나 무료인 스웨덴의 사립 학교
164 • 바우처가 뭐야?
165 • 바우처, 주입식 교육의 파괴자
167 • 만병통치약은 아니지만…
169 • 공립이길 강요받는 대한민국 사립들

제6장 메타버스 시대에 수능 장원급제?

176 • 대학입시를 과거시험으로 착각하는 나라
178 • 입시, 매년 바꿔도 지옥은 여전하다
184 • 22대 1 하버드 입시, 지옥이 아닌 이유
189 • 대학, 국가 소유가 아니다
191 • '정치적 입시'가 만들어낸 입시 지옥
195 • 대학이 알아서 뽑는다면…
197 • 대학도 평준화하자고?
201 • 이기주의에 대한 잘못된 비난
202 • 학교를 정치에서 해방시키라

제7장 스쿨 빅뱅 제안서

210 • 아이들 공부를 막지 말라
211 • 대학 빅뱅 1 : 수도권대학 정원 동결 폐지

215 • 대학 빅뱅 2 : 대학이 알아서 뽑게 하라
217 • 대학 구조조정 : 학생의 뜻에 따르라
219 • 초중고 빅뱅 1 : 학교 지원에서 학생 지원으로
221 • 집 짓기와 교육 그리고 학부모
223 • 초중고 빅뱅 2 : 평준화 말고 선택권
224 • 초중고 빅뱅 3 : 교육 내용, 교사가 정하고
　　　　　　　　　 학부모 선택을 받으라
226 • 초중고 빅뱅 4 : 학교 설립 자유화
228 • 초중고 빅뱅 5 : 교육부 및 교육감 폐지
231 • 공무원 주도에서 학생-학부모 주도로

제8장　다양한 교육 모형들

234 • 민족사관학교 : 영어몰입 수업 + 학생 주도 수업 +
　　　　　　　　　 한국적 예절의 조화
237 • IBDP : 학생 주도 + 논술형 시험 + 객관적 평가
241 • 몬테소리 스쿨 : 자기 주도 방식 유아교육
244 • 미네르바 스쿨 : No Campus + 긴장감 넘치는 수업 +
　　　　　　　　　　global 생활 체험
246 • 에콜 42 : 교수 없는 학교

제9장　학부모가 나서라

250 • 목표는 학생 맞춤형 교육
251 • 내 밥그릇은 못 놔! 교육개혁 실패사
262 • 남의 자식 끌어내리기에서 내 자식 잘 가르치기로
265 • 학부모밖에 없다
266 • 학부모 운동의 현실
270 • 이렇게 요구하시라

카이스트 총장이 애타는 이유

카이스트는 왜 K-Pop 이수만을 초빙했나?

이광형 카이스트 총장. 뇌공학과 인공지능 분야에서 최고의 권위자다. 그는 메타버스와 인공지능 교육에 올인하고 나섰다. 최근에는 놀랍게도 케이팝의 선구자인 SM 엔터테인먼트 이수만 회장을 교수로 초빙했다.[1] 메타버스에 그의 경험과 아이디어를 결합하기 위해서다. 카이스트 총장과 이수만의 콜라보로부터 어떤 멋진 신세계가 진화되어 나올지 기대된다.

메타버스, 인공지능, 가상세계는 먼 나라의 이야기가 아니다. 어느새 우리 자신이 줌으로 온라인 미팅을 하고, 아이들은 그 가상세계에서 온라인 수업을 시작했다. 회사원들의 재택근무도 자연스러워졌다. 메타버스는 그런 흐름 중에서도 가장 앞선다. 가상세계에 나의

---
1   SM 이수만 프로듀서, 카이스트 전산학부 초빙 석학교수 임용, 매경 2022.02.

아바타를 내세워 친구를 만나고 비즈니스를 해서 돈을 번다. 그 속에서 농사를 지어먹고, 집도 만들어 판다. 그런 세상이 이미 시작되었다. 마음만 먹으면 국경도 훌쩍 뛰어 넘을 수 있다. 우리 아이들이 학교를 졸업하고 나면 그런 세상 속에서 비즈니스를 하고 연인을 만나 사랑을 나눌 것이다.

 이광형 총장은 밝은 미래에 들떠 있다가도 우리나라의 초중고등학교만 생각하면 애가 탄다.[2] 메타버스 세상에서 잘 살 수 있도록 학교가 우리 아이들을 교육하고 훈련시켜야 할 텐데, 도무지 그런 기미가 안 보이기 때문이다. 교육 시간만 봐도 그렇다.

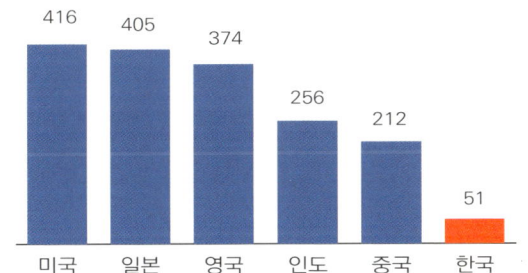

자료: 디지털 대전환을 위한 정보교육, 한국과학기술한림원, 2021

---

2   이광형, 초중고 정보 교육…미·일은 400시간 이상, 한국은 51시간. 중앙일보 2021.09.06.

많은 나라들이 학교에서의 인공지능 정보교육에 많은 투자를 쏟아붓고 있다. 미국은 416시간, 일본은 405시간, 영국은 374시간을 투자한다. 한국은 51시간에 불과하다. 초등학교 실과 교과에 17차시, 중학교와 고등학교에서는 선택과목인 '정보'에 34차시 배당되어 있다. 고등학교 '정보'는 선택과목인데다가 입시과목도 아니니 그나마도 외면당한다. 결과적으로 고등학교까지 12년을 학교에 다녀도 '정보' 관련된 수업은 30시간도 채 배우지 못한다는 말이다.[3]

그 얼마 안 되는 수업마저도 기술-가정 과목, 소위 '실과'의 일부로 편성된다. 정보 교과 또는 인공지능 교과를 별도 과목으로 신설해서 본격적 교육을 해도 부족할 마당에 인기 없는 실과 과목에서 찔끔 맛만 보여주는 격이다.

그렇게 된 이유는 많지만 가장 큰 이유는 '교과목 이기주의'다. 정보 교과의 신설 또는 정보 교육 시간 추가로 인해 교과가 없어지거나, 자기 수업시간이 줄어드는 교사들이 강력하게 반발하기 때문이다. 그런 교사들을 길러내는 사범대학 교수들도 반발한다. 그들이 교육부 담당 공무원들에게 압박을 가하고 회유를 하다 보니 지금까지도 정보 교과목 신설은 물론 기존 과목 내에서 수업 내용을 좀 바꾸는 것조차 제대로 못하고 있다.

---

[3] 안성훈, 초등학교 정보 교과의 필요성과 운영 방안, 에듀프레스 2021.05.17.

교과목 이기주의는 교육이 학생들의 미래 준비가 아니라 교사들의 밥그릇 챙기기 수단으로 전락했음을 말해 준다. 학생을 위해서 필요하다면 우선순위가 떨어지는 과목은 당연히 빠져야 하고, 담당 교사는 다른 자리를 알아보는 것이 순리이다. 재교육을 통해서 다른 과목을 맡거나 또는 명예퇴직을 하는 것이 옳다. 자신들의 일자리 유지를 위해 학생들이 정말 필요로 하는 과목을 배우지 못하게 만드는 것은 교사로서의 책무에 어긋난다. 그런 것 하나 해결 못하는 한국의 공교육이 너무 한심하고 무능하다.

　이 와중에 코로나가 덮쳤고 수업은 온라인으로 전환되었다. 교육의 질은 교사의 질을 넘어서지 못한다고 했다.[4] 대부분의 교사들에게 온라인 교육은 생전 처음 당해보는 일이었다. 줌이나 구글미트에 많은 기능들이 있지만 기본 기능조차 쓰기가 쉽지 않아 연결이 끊기지 않으면 다행이다. 작은 카메라 앞에서 자연스럽게 웃으며 말하기는 또 얼마나 힘든가. 잘 못하는 것이 당연하다. 하지만 어떻게든 수업을 잘 해 내야 하는 것이 교사의 책무이다. 아이들의 관심을 끌어 아이들이 배워야 할 것을 배울 수 있게 해줘야 한다. 안타깝게도 그렇게 할 수 있는 교사는 많지 않다. 그러다 보니 선생님은 열심히 뭔가를 말하는데 아이들은 비디오를 끄고 집안을 돌아다닌다. 화면을 켜 놓았어도 딴짓만 한다. 아마추어도 이런 아마추어가 없다. 그러니 무슨 수업이 제대로 되겠는가.

4　김종일, 바이러스가 이끄는 미래 교육, 에듀인뉴스 2021.07.14.

코로나로 몇 년 동안 아이들 교육은 모두 망쳤다. 앞으로도 상황은 크게 나아지지 않을 것이다. 교사들은 무엇 때문에 존재하는가. 공교육은 무엇 때문에 존재하는가?

취향으로 말하자면 아이들은 컴퓨터를 정말 좋아한다. 컴퓨터 게임을 하라고 하면 시간 가는 줄 모르고 몰두한다. 오히려 그만하라고 뜯어말려야 할 판이다. 그 속에서는 온라인 대화도, 메타버스 미팅도 일상적으로 일어난다. 가상세계는 아이들에게 이미 생활화되었지만, 교사에게는 낯설고 거북하기 짝이 없다. 교사가 아이들에게서 오히려 배워야 하는 상황이다. 교사는 아이들을 위해 스스로 변신할 의무가 있다. 그렇게 못하겠으면 물러나야 한다. 안타깝게도 그럴 기미는 전혀 보이지 않는다.

아이들과 교사들, 서로 다른 눈높이

인공지능에 대해서 아이들과 교사는 눈높이가 서로 다르다. 아이들은 많이 배우고 싶어 하는데 교사들은 무관심하거나 또는 외면하는 듯하다. 교육부의 〈2022 교육과정 방향에 대한 각계각층의 다양한 의견 수렴 및 반영〉 설문 조사 결과[5]가 이런 상황을 잘 드러내 준다.

2021년 5월에 17일부터 30일 동안 온라인으로 실시된 이 조사에

---

5   2022 교육과정 방향에 대한 각계 각층의 다양한 의견수렴 및 반영, https://www.eduforum.or.kr/homepage/participation/results/42

는 전국 초중고 학생, 교원, 학부모, 일반 시민 등 총 101,214명이 참여했다. 참가자 특성별로는 교원 28,020명, 학생 15,964명, 학부모 52,276명, 일반 시민 4,954 명으로 구성되어 있다.

  그중 〈문 7〉은 '초중고등학교에서 현재보다 더 강화되어야 할 교육은 무엇이라고 생각하십니까?'라는 질문이었다. 〈그림〉 중 왼쪽은 학생, 오른쪽은 교원의 응답 결과를 보여준다. 양쪽 모두에서 인성교육의 강화가 가장 큰 비중을 차지했다. 하지만 진로교육과 인공지능-소프트웨어 교육 등에서는 큰 차이를 보였다. 많은 수의 학생은 진로교육과 인공지능 교육의 강화를 희망한 반면, 교사들은 매우 반응이 약했다. 이 차이를 어떻게 봐야 할까? 자신의 앞날과 미래에 대해서 아이들의 관심이 큰 것은 바람직하다. 교사들이 이런 과목들에 관심이 저조한 것은 어떻게 봐야 할까? 진정 이것이 필요 없다고 믿어서 그러는 것일까? 아니면 자신들이 잘 모르는 분야에서 또는 자기 과목이 위협받을 수도 있다는 우려 때문일까? 후자가 아니길 바란다.

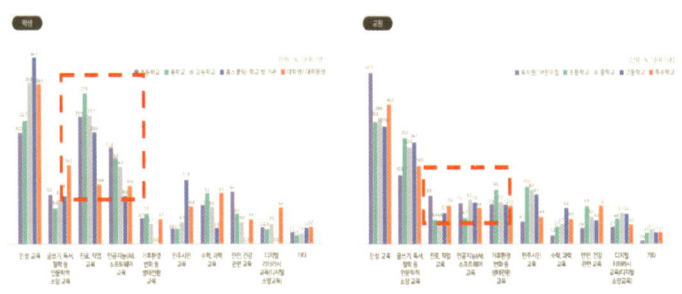

'초중고등학교에서 현재보다 더 강화되어야 할 교육은 무엇이라고 생각하십니까?'에 대한 답변

민간이 더 치열하다

 같은 공교육인데도 사립 학교는 훨씬 사정이 낫다. 공립 초등학교의 등교일수가 1.9일인데 비해 사립은 4.2일이다. 공립 고등학교들이 일방적 동영상 틀어주기 방식인데 비해 자율형 사립고 등은 쌍방향 수업을 더 많이 한다. 정보화 교육에서도 사립 초등학교는 공립의 9배나 더 많은 시간을 배정한다.(제4장 참조)

 더욱 큰 차이는 기업 부문에서 생겨나고 있다. 코로나로 비대면 수업이 시작되자 학교와 공교육의 무기력으로 생겨난 공백을 기업들이 채우고 나섰다. 대표적으로는 인터넷 동영상 교육업체들이다. 메타버스와 AI 기술을 총동원해서 부모와 아이들의 공부 수요를 채우고 있다. 1 대 1 맞춤형 교육, 쌍방향 수업, 자기주도 학습, 전담교수제 운영 등 기존 공교육이 제공하지 못하던 기능을 매력으로 내세운다.

 가장 앞서가는 곳은 천재교과서(밀크T), 웅진씽크빅(스마트올), 아이스크림에듀(아이스크림 홈런) 등인데 각각 10만~15만 명 회원 수를 확보했다. 초등 전 과목에 그치지 않고 유아, 영아 연령대로 서비스 대상 범위를 확대해 가고 있다. 부모들이 공연히 헛돈을 쓸 리가 없다. 이들이 학교의 온라인 수업과 결정적으로 다른 점은 재미다. 학교의 온라인 수업은 재미가 없는데 이들 서비스는 재미가 있으시 아이들이 즐거워하고 집중한다. 그러다 보니 학습효과도 높아진다. 코로나로 대면 방식의 학원은 된서리를 맞았는데, 온라인 교육에 적극 나선 곳들은 오히려 전화위복이 되었다.

급성장 중인 초등 대상 디지털 교육 플랫폼들

기업명	플랫폼 이름	회원 수
천재교과서	밀크T	10~15 만
웅진씽크빅	스마트올	10~15 만
아이스크림에듀	아이스크림 홈런	10~15 만
메가스터디교육	엘리하이	
비상교육	와이즈캠프	
교원그룹	아이캔두	
대교써밋	마카다미아 올인원	

자료: 회원 수는 전자신문 2021.12.22.

이런 상황이 조금 더 길어진다면 공부는 모두 온라인으로 하는 관행이 정착될 수도 있다. 메타버스 기술이 더 발전하고 아이들이 그런 환경에 더 익숙해진다면 그렇게 될 것이다. 아이들이 학교 공부보다 온라인 학습을 더 선호할 수 있다. 그렇게 된다면 학교는 어떤 존재가 될 것인가. 어쩌면 친구들 만나서 노는 곳이 될지도 모른다. 그렇게 되지 않으려면 학교와 교사가 교육업체들보다 더 효과적이고 더 재미있는 수업을 제공해야 한다. 그럴 능력 그럴 태도를 가지고 있는 것일까?

치열함의 뿌리는 절박함

민간 기업과 사립 학교는 되는데 공립 학교와 공교육은 왜 안될까? 교사의 지능이 부족한가? 그럴 리 없다. 교사를 육성하는 서울교대, 경인교대 등에 합격하려면 고교 성적이 상위 1%에 들어야 한다. 삼성전자를 그만두고 교대에 가는 경우도 봤다. 게다가 공립 학교 교사가 되려면 사립과는 달리 임용고시까지 합격해야 한다. 공립교사는 지능도 높고 오랜 시간 시험 준비를 견뎌낼 수 있을 정도로 인내심도 있어야 한다. 그렇게 해서 공립 학교 교사가 된 사람들이 그들보다 성적이 높지 않은 사립 학교 교사들, 교육 플랫폼 기업의 회사원들보다 시대 변화에 더 대응을 못하는 이유가 무엇인가?. 아이들로부터 환영받지 못하는 이유가 무엇인가? 그것은 능력 때문이 아니라 시스템 때문이다.

기업은 아이들과 학부모의 수요 변화에 적응하지 못하면 고객을 잃고 도태되어 버린다. 학생이 재미있게 공부할 수 있도록 프로그램을 제공하면 고객이 늘어 회사도 크고 돈도 벌 수 있다. 반면 재미가 없거나 내용이 유익하지 못하다면 고객이 줄어서 문을 닫아야 한다. 그래서 기업은 콘텐츠를 유익하고 재미있게 만드는 일에 치열할 수밖에 없다. 공립 학교 교사들보다 출발점에서의 실력은 모자랐지만, 그 치열함이 더 좋은 프로그램을 만들어낸다. 사립 초등학교도 민간기업과 비슷한 처지이기에 학부모와 학생의 요구에 적극적으로 대응한다. 사립 학교 당사자들은 괴롭지만 고객인 학생과 부모에게는 좋다. 그것이 민간의 활력이고, 선택권을 가진 학부모의 이점이다.

하지만 사람은 누구나 남에게 맞추기보다 자기 편한 대로 하고 싶어 한다. 교사는 자기 과목을 놓고 싶어 하지 않고, 공무원은 권력과 통제와 지시를 포기하지 않으려고 한다. 입으로는 학생 중심을 되뇌지만 몸으로는 자기중심적으로 행동을 한다. 그 결과 교사와 공무원들은 자신의 이익을 위해 학생의 미래를 희생시키는 지경에 이르렀다. 학생과 학부모의 선택을 받지 못하면 직장이 사라지는 상황에 노출될 때, 비로소 교사도 공무원도 행동방식을 학생중심적으로 바꾸게 될 것이다.

실업자 양성소로 전락해가는 공교육

교육의 이 같은 문제를 단순하게 볼 일이 아니다. 공교육 시간을 허비하는데 그치지 않고 아이들의 미래를 어둡게 만들기 때문이다. 언급 자체가 진부할 정도로 세계 산업의 지형은 급속히 변하고 있다. 우리 한국인을 3만 달러 소득 수준까지 이끌어 준 산업들은 이제 절정을 지나 쇠락의 국면에 들어섰다. 자동차, 조선, 철강, 석유화학이 모두 그렇다. 시장 자체도 사양길이지만 남아 있는 시장도 급속하게 중국, 베트남, 말레이시아 기업들의 몫이 되어 가고 있다.

우리의 아이들에게 미래가 있으려면 스스로 자신들을 위한 산업과 일자리, 그리고 소득을 만들어내야 한다. 기성세대들은 그 산업을 일본과 미국, 독일 것을 흉내내며 만들어 냈지만, 이제 우리의 아이들에게는 모방할 대상이 없다. 스스로 만들어낼 수밖에 없다. 주어진 질문에 답을 찾는 것이 아니라 스스로 질문을 만드는 인재들이

필요하다. 아쉽게도 우리 교육은 그런 상태가 아니다. 아직도 주입식을 벗어나지 못했음을 누구라도 알 수 있다. 좌파 교육감들이 혁신교육이라는 것을 내놓았지만 전혀 해결책이 아니다. 공부 안 시키는 교육, 시험 안 보는 교육이 학생들을 행복하게 만들기는 하지만 졸업 후의 인생을 비참하게 만든다. 우리는 그 사실을 일본의 유토리 교육(ゆとり, 여유교육餘裕敎育)의 사례를 통해서 알 수 있다.

전후 일본 경제는 미국 제품을 모방 생산해서 큰 성공을 거뒀다. 하지만 1980년대 이후 일본 제품을 모방 생산하는 한국 기업들의 추격에 제대로 대응하지 못했다. 서서히 시장을 잃었고 다시 일어나지 못했다. 새로운 산업을 일으키지 못해 정체와 추락의 길로 들어섰다.

그러는 사이 일본 교육은 갈팡질팡했다. 모방 추격형 경제에 적합한 인간을 길러내 성공의 원동력을 제공해오던 주입식 교육은 1980년대까지가 한계였다. 똑같은 모델로 추격하는 한국과 대만, 홍콩을 당할 수 없었다. 일본 지도층도 뒤늦게 교육이 문제임을 깨닫고 개혁에 나섰다. 일본 교원노동조합日敎組의 권고를 받아들여[6] 주입식 수업을 줄이는 대신 아이들을 여유롭게 풀어주었다. 유토리 교육, 다시 말해 '여유교육'이라는 이름의 일본식 교육 개혁이 시작되었다.

유토리 교육의 내용은 이렇다. 수업 시간을 단축하고 시험을 줄였다. 잘게 나눠진 암기식 교과목들을 폐지한 후 통합 교과목으로 대체

6　일본 학력저하 문제, 실제로 가르쳐 보니, JPNews 2009.06.17. http://www.jpnews.kr/630

했다. 교실 수업을 줄인 대신 자연 탐방 학습, 노인 방문 등 체험학습을 늘렸다. 서열화를 줄이기 위해 1등부터 꼴찌까지 정해지는 석차 평가를 폐지하고 절대평가 제도를 도입했다. 1945년 패전과 더불어 도입했던 미국식 교육 제도의 판을 뒤엎은 것이다.

개혁의 목표는 두 가지였다. 첫째, 지나친 공부 스트레스에 따른 집단 괴롭힘, 무단결석, 자살 같은 병리 현상을 치유하고자 했다. 둘째, 창의적이고 독립적 사고를 하는 인재를 양성해서 후기 산업사회에 대비하고자 했다. 개혁의 주역 중 한 사람인 히데키 와다의 표현을 빌리자면 일본인이 본래 갖고 있는 공부 습관을 기본으로 하고 그 위에 서구적인 것을 결합하자는 아이디어였다.[7]

하지만 두 가지 모두 실패했다. 국제학력테스트 결과 일본 학생들의 성적은 큰 폭으로 하락했다. 공부를 안 하고도 유지되는 공부의 기본은 없었던 것이다. 집단 괴롭힘도 줄어들지 않았다. 이 나라도 우리처럼 사교육 스트레스가 큰데 유토리 교육 이후 오히려 자녀를 학원에 보내는 경우가 더 많아졌다.

기업에서도 불만이 터져 나왔다. 학교에서 제대로 배우지 못하다 보니 기업들이 재교육을 해야 하는 경우가 늘었다. 예를 들어 스미토모 금속은 신입사원에게 과학 교육을 다시 시킨다고 한다. 신입사원들의 태도는 더욱 문젯거리가 되었다. 학교에서 경쟁 없이 칭찬만 받

---

7   Japanese school reforms fail to make grade, Financial Times 2010.08.30

으며 자라다 보니 직장에서는 게으르고 잘못을 지적당하면 화부터 내는 사람이 되었다. 영국의 경제전문지 파이낸셜 타임스^{FT}는 이들을 괴물^{Monsters} 세대라고까지 표현했다.[8]

교육 당국과 교사들은 기성세대가 잘못되었고 유토리 세대가 정상이라고 항변하기도 한다. 하지만 기존 기업의 구성원들을 모두 퇴장시킬 수 없는 한, 새로운 세대도 기존 환경에 적응해야 한다. 공존을 해야 하는데 유토리 교육은 학생들에게 기존 사회에서의 공존을 가르치지 못했다. 일본 정부는 결국 유토리 교육을 포기하고 다시 학력 위주의 교육으로 회귀했지만, 그것으로 창조적인 인재가 길러질지 미지수다. 일본의 실패 사례는 정부 주도, 교사 주도 개혁의 한계를 분명히 드러내고 있다.

일본의 사례는 남의 이야기 만이 아니다. 우리나라도 공교육의 변화를 외면한다면 지금 태어난 아이들이 세상에 나갈 20~30년 후 우리나라 경제의 미래는 암울할 것이다. 중국과 베트남이 우리와 똑같은 모형으로 추격하고 있다. 정보 교육처럼 정작 필요한 교육은 외면하면서 공부 안 하는 소위 '혁신교육' '행복교육' 같은 것에만 매몰된다면 실패한 일본 유토리 교육의 재현을 보게 될 가능성이 높다. 일본이 한국에게 당했던 것처럼 한국 역시 중국과 베트남에게 기존 시장을 뺏기고, 새로운 산업은 만들어 내지 못할 것이다. 우리의 청년

---
8   Financial Times 상게 기사

들은 무기력하게 실업자로 전락해 갈 것이다. 이렇게 된다면 우리나라의 공교육은 실업자 양성소에 불과해진다. 먼 미래 이야기가 아니다. 이미 시작되었다.

다음 그래프는 풀타임 고용률을 보여준다. 경제활동 인구 중에서 제대로 된 일자리를 가진 사람의 비율이다.

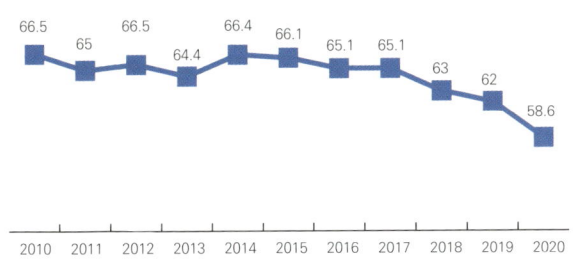

자료: 국민의 힘 유경준 의원실, 조선일보 2021.05.18에서 재인용

2014년 66.4%이던 풀타임 고용률註이 매년 떨어져서 2020년에는 58.6%가 됐다.[9] 이렇게 되는 데에는 문재인 정부에서의 급격한 최저임금 인상 효과도 크게 작용했다고 봐야 한다. 즉 최저임금을 급격히 올린 나머지 영세 중소기업들에서 고용을 급격히 줄인 효과를 말한다. 하지만 이전부터 진행되어 오던 전체적인 일자리 감소 추세가 작용한 것도 부인할 수 없다. 일자리 감소는 이미 시작되었고, 우리나

---

9 https://biz.chosun.com/policy/policy_sub/2021/05/18/WIWDW44LFFGH3IZXZ6IJFW-ZIUU/

라의 공교육은 새로운 일자리를 만들어낼 인재를 길러내지 못하고 있다.

> 註 : 고용률이란 원래 경제활동 인구 중에서 누군가를 위해 정식으로 고용되어 일하는 사람들의 비율을 말한다. 그런데 이 수치는 일주일에 한 시간을 일해도 고용된 것으로 간주하는 문제가 있다. 풀 뽑고 전깃불 끄는 일 등 그야말로 눈속임에 가까운 일자리는 제외할 필요가 있다. 이 문제를 해결해 주는 것이 풀타임 고용률 Full Time Equivalent Employment Rate이다. 주 40시간을 기준으로 주 10시간 일하면 0.25명, 20시간이면 0.5명으로 친다. 이 숫자는 눈속임을 할 수 없다. 그래프는 바로 단순 고용률이 아니라 풀타임 고용률을 보여 준다.

스쿨 빅뱅, 공교육을 뒤엎자

학교가 변해야 한다. 공교육을 바꾸어 내야 한다. 아이들이 학교를 졸업하면 스스로 일자리 만드는 사람으로 자라게 해야 한다. 기존 교육을 한마디로 표현하자면 아이들을 교실에 가두고 교사가 일방적으로 지식을 주입하는 행위였다. 그 지식 중의 상당수는 쓸모없거나 인터넷을 열면 어디서나 구할 수 있는 것들이다. 설상가상으로 비대면 수업이 일상화되면서 이제 아이들을 교실에 가둬둘 수 없게 되었다.

재미가 없으면 아이들은 화면 앞에 앉아 있지 못한다. 이제 수업은 재미와 유익을 동시에 충족시켜 줘야 한다. 자기 주도 교육이 아니면 안 된다. 체험 중심의 프로젝트 교육 같은 것도 반드시 필요하다. 아이들은 그렇게 할 준비가 되어 있다. 문제는 학교와 교사와 그들을 통제하는 공무원들이다. 기존의 학교와 교사는 교과 지식 전달용으로 길러졌고, 거기에 지나치게 길들여져 있다. 공무원들은 그들에 대한 통제권을 놓고 싶어 하지 않는다.

그럼에도 불구하고 이제 학교를 바꾸어야 한다. 아이들이 스스로 무엇을 배울지 찾아서 학습할 수 있게 해야 한다. 알고 싶은 것을 찾고 나면 그에 대한 지식 전달은 AI에게 맡기면 된다. 엘리하이, 빨간펜 같은 디지털 교육 플랫폼들이 아이들의 질문에 정교하게 답을 해 준다. 정교한 비주얼 자료까지 동원해 가며 훨씬 현실감 있게 설명해 준다. Big Data 분석을 통해 아이의 현재 상태를 정확히 파악해서 맞춤형 수업을 제공한다. 게다가 흥미까지 자극해 준다. 이제 그런 일은 AI에게 맡기라.

일이 사라지는 것은 매우 고통스럽다. 존재 의미가 줄어들고 생활의 기반이 무너질 수도 있다. 교사와 공무원들이 현재의 교육에 집착하는 것은 그 공포 때문일 가능성이 크다. AI가 더 잘하는 일을 자기들이 놓지 않겠다며 고집을 부릴지도 모른다. 사회와 경제와 기술의 변화가 아이들에게 스며들지 못하게 막을 지도 모른다. 이미 1990년

대부터 창의교육을 한다며 법석을 떨었지만, 예산이 늘어난 것 외에 달라진 것은 별로 없다. 2015년 개정 교육과정에서도 여전히 창의융합형 인재를 부르짖었지만, 그 창의융합형 인재들을 얼마나 배출했는가? 시스템이 바뀌지 않는 한 수십 년을 되풀이해 온 공염불은 계속될 것이다. 공무원과 교사들의 입장에서는 바뀌지 않아도 계속 월급이 나오기 때문에, 아니 더 많이 나오기 때문에 굳이 바꿀 이유가 없다. 바꾸지 않는 것이 더 좋다. 고교 학점제로 선택권 늘리고 자율권을 더 많이 준다고 하지만 공무원과 교사들을 절박하게 만들지 않고는 이번에도 여전히 아무것도 바뀌지 않을 것이다.

 이제 교육의 주인을 바꾸어야 한다. 공무원과 교사가 주인인 교육에서 학부모와 학생이 주인인 교육으로 바꿔야 한다. 학생과 학부모의 선택권이 작동하는 시스템을 만들어야 한다. 교육 예산을 학부모에게 나눠주고, 선택받은 학교가 그 예산을 받아쓰는 체제를 만들어야 한다. 선택을 받은 학교는 번창하고 선택받지 못하는 학교는 적자로 문을 닫게 해야 한다. 사립은 말할 것도 없고 공립 학교도 그렇게 해야 한다.

 그리고 학교들에 자유를 줘야 한다. 필요하다면 기업들이 학교 현장에 들어와 아이들과 손잡고 교육할 수도 있어야 한다. 그러면 선택을 받기 위해 학교와 교사들은 다양한 실험을 할 것이고, 그 과정에서 유익하면서도 재미있는 성공적 교육 모델이 등장할 것이다. 그것이 모방과 변형 과정을 거치면서 새로운 시대에 우리 아이들에게 맞는 모델로 진화해 나갈 것이다.

하지만 이 과정은 고통이 따른다. 아이들은 재미있고 신나겠지만 교사와 공무원, 시민단체는 고통스럽고 무력감을 느낄 가능성이 크다. 그래서 교육개혁, 학교개혁을 그들에게 맡길 수 없다. 교사와 공무원, 시민단체에 맡길 수 없다. 그들에게 맡긴 결과가 바로 현재다. 개혁을 한다면서 그들은 자신들의 이익과 이념을 추구했고, 새 시대를 준비해야 하는 아이들에게 낡은 지식과 이념만을 주입해 왔다.

진정한 교육개혁을 이뤄낼 세력은 학부모밖에 없다. 부모가 문제를 깨닫고, 부모가 직접 나서서 교육과 학교의 개혁을 요구해야 한다. 그 요구를 듣지 않으면 교육부 장관, 교육감, 교사들이 자리를 잃도록 시스템을 만들어야 한다. 그곳을 향한 첫걸음으로 이 책을 썼다.

책 내용 미리 보기

이 책은 모두 9개 테마로 나뉜다.
바로 뒤에 나올 제2장에서는 경제와 교육 간의 관계를 다룬다. 교육이 학생의 미래 소득과 나라 경제에 도움이 될 때가 많지만, 그렇지 않은 경우도 상당수 있음을 밝혔다. 어떤 교육이 성공했고, 어떤 교육이 오히려 학생과 나라를 망쳤는지를 보여주면서 그 성공과 실패의 교훈을 우리 미래 교육의 방향타로 삼고자 했다.

제3장에서는 학교들이 갈팡질팡하는 현실을 다뤘다. 추격형 경제의 종말, 코로나 확산이라는 새로운 현실을 맞아 학교와 교사들도 변화의 필요성은 인식하고 있다. 하지만 그 집단이기주의와 비효율로 인해 어쩌지 못하고 있다. 말로는 개혁의 구호가 요란하지만 실제로는 바뀌지 않는 현실을 보여준다.

제4장에서는 공립보다는 사립이 더 변화에 잘 적응하고 있음에 대해서 정리했다. 사립 초등학교와 공립 초등학교, 그리고 일반 공립 고등학교와 자율형 사립고(자사고)를 비교했다. 사립이 공립보다 월등히 변화에 잘 적응하고 있음을 보였다. 학생 1인당 교육비에 대한 비교도 이뤄졌다. 일반 대중의 고정관념과 정반대로 사립 초등학교와 자사고의 비용이 공립 초등학교와 일반 공립 고등학교보다 더 낮다는 사실이 드러났다.

제5장에서는 사립 학교의 에너지를 활용한 교육 개혁의 해외 사례들을 소개한다. 첫 번째는 미국의 사립형 공립 학교, 차터스쿨이다. 학교들이 저마다의 교육방침(차터)을 수립한 후, 교육청의 승인을 받아 운영하는 곳이 차터스쿨이다. 그러면 운영 경비는 정부가 학생 수에 따라 지급해 준다. 교육 방침이 제각각이라는 점에서 사립 학교

이지만, 비용을 정부가 책임진다는 점에서는 공립 학교다. 이 학교가 어떻게 '교육 사각지대'에 머물러 있던 흑인과 유색인종 아이들의 성적을 올렸는지 설명한다.

그밖에 스웨덴의 자유학교^{friskola} 및 네덜란드의 사립 학교 등 사립학교이면서 비용은 정부가 부담하는 제도들을 소개했다.

마지막은 한국의 사립 중고등학교들이다. 외형은 사립 학교이지만 평준화와 등록금 규제의 틀에 갇혀 실질적으로는 공립 학교보다 더 위축된 모습을 그린다.

제6장에서는 대학입시의 현실을 다뤘다. 맹목적인 객관성의 추구, 비리 가능성에 대한 기피가 한국과 중국을 입시 지옥으로 만들었다. 그 같은 입시 과정은 인내심, 복종심, 암기력 테스트의 역할은 하지만 창의력에는 오히려 해가 되어 왔다. 대학을 자유화하고 신입생 선발 방식 역시 각 대학의 결정에 맡기는 것이 공교육의 정상화를 위해 반드시 필요하는 것이 결론이다.

제7장은 교육 개혁을 위한 제안이다. 일명 '스쿨 빅뱅 제안서'! 미국의 차터스쿨, 네덜란드의 공사립 학교들처럼, 우리의 사립 학교와 공립 학교들을 모두 자유화하라고 제안한다. 국가는 큰 틀의 교육 목표만 정하고, 현장에서의 교육에는 광범위한 재량권이 허용되어야 한다. 초등학교를 예로 들자면 학교가 몬테소리 교육을 할 수도 있고, 발도르프 교육을 할 수 있어야 한다.

특히 빅뱅 수준의 교육 개혁이 가능한 두번째 제안이 중요하다. 교육예산을 학부모에게 직접 나눠주는 것이다. 학교에 지급되고 있는 기존 방식을 폐기하고 바우처 방식으로 바꾸는 걸 제안한다. 교육예산을 전액 학생 숫자로 나눠서 부모에게 지급한 후, 선택한 학교에 납부하도록 하는 방식이다. 학생 숫자대로 학교에 배분하는 식으로 시행할 수도 있다. 선택을 받지 못한 학교는 문을 닫는 것도 감수해야 한다. 이렇게 하면 학교들이 학생과 부모의 선택을 받기 위해 최선을 다하게 된다. 이 외에도 교육 자치의 의미에 대해서도 설명했고, 제도 변화를 앞두고 필요한 과도기적 조치 등을 위한 여러 가지 주변 사항을 제안했다.

8장에서는 우리나라를 포함해 교육 선진국이 시행하고 있는 다양한 교육 모형들을 소개한다. 다양한 실험을 통해서 좋은 교육 방법과 콘텐츠를 찾아 갈 수밖에 없다. 그러기 위해 참고할 만한 몇가지의 사례를 제시한다.

파스퇴르유업 최명재 회장이 영국의 명문사학 이튼 칼리지를 모델로 해서 1996년 설립한 민족사관학교를 먼저 둘러본다. 한옥에서 한복 입고 영어로만 수업하는 하는 것으로 유명한 민사고는 영어몰입수업, 학생주도 수업, 한국적 예절의 조화라는 3가지 교육 목표를 가지고 학생들을 가르치고 있다.

이 외도 몬테소리 스쿨과 미네르바 스쿨도 들여다 본다.

몬테소리 스쿨의 교육은 가르치기보다는 학생이 스스로 할 것을 찾아서 진행하는 방식이다. 구글 창업자, 아마존 창업자, 위키피디어 창업자 등 세계를 움직이는 미국 혁신적인 기업가들이 모두 몬테소리 스쿨 출신이다.

  미네르바 스쿨은 물리적 교실 없이 온라인으로만 수업을 한다. 물리적 교실이 없는데도 학생들은 세계 7개 도시에 걸쳐 있는 기숙사에서 돌아가며 생활을 하게 된다. 수업이 온라인으로만 이뤄지기 때문에 이런 방식의 생활이 가능하다.그러면서도 교육 효과는 매우 강력해서 졸업생 대부분이 세계 유수의 기업에 취업한다.

  마지막 9장에서는 제대로 된 교육개혁을 추진하고 완성할 세력은 학부모뿐임을 제안했다. 교사도 교육공무원도 시민단체도 자기들만의 이기주의에 갇히기 때문에 학생들을 위한 개혁 주체 세력이 될 수 없다. 자녀를 위한 학교 개혁의 주체는 학부모가 되어야 한다.

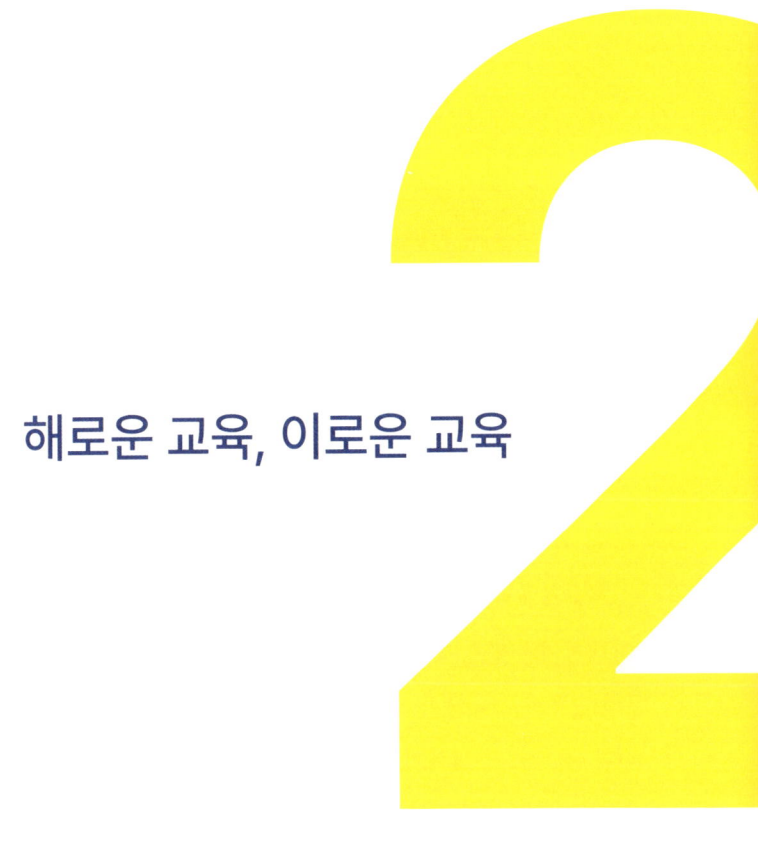

해로운 교육, 이로운 교육

자녀에게 고기 잡는 법을 가르치라

우리는 교육이 경제 발전에 매우 중요하다는 것을 안다.

"자녀에게 고기를 잡아주면 한 끼밖에 못 먹지만 고기 잡는 방법을 가르쳐 주면 평생 먹고 살 수 있다."

유대인의 5천년 지혜를 담은 책 《탈무드》에 나오는 말인데, 마치 우리 고유의 속담인 듯 익숙하다. 교육의 중요성이 끊임없이 되풀이된다. 〈유네스코 21세기 위원회〉는 교육을 인류 발전을 위해 반드시 필요한 수단으로 정의했다. 교육을 통해서 인간의 발전을 촉진하고 억압과 전쟁을 줄일 수 있다. 경제적으로는 빈곤을 벗어날 수 있다고 했다. 유네스코, 월드뱅크, 유니세프, 유엔개발계획이 모두 경제와 사회 발전을 위해 교육이 필요하다고 소리를 높여왔다.[1]

---

1   윌리엄 이스터리(박수현 역), 성장, 그 새빨간 거짓말, 모티브, 2001, p. 104.

한국 경제를 비롯한 동아시아 국가들의 급속한 발전도 교육 덕분임을 많은 사람들이 동의한다.[2] 월드뱅크가 그 관계를 구체적으로 추적했다.

아래 왼쪽 그래프는 25세 이상 인구의 학교 다닌 햇수를 나타낸다.[3] 1950년 동아시아 평균 1.34는 세계 평균 2.86의 절반에도 못 미쳤지만, 그 후 급격히 증가해서 2010년에는 세계 평균과 같아졌다. 오른쪽 그래프는 경제성장률로서 1980년대 중반부터는 세계 평균보다 거의 2배나 높은 수치를 보인다. 동아시아 국가들에서는 교육과 경제성장이 같은 방향으로 움직인 것이다.

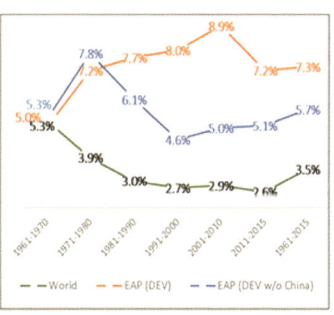

자료: Barro & Lee(2013), The World Bank Group, Macro Poverty Outlook

---

2   한국 사회, 경제의 변화와 교육의 상호관계에 대해서는 천세영. 교육과 자유, 학지사, 2013, pp. 159~178 참조.
3   https://blogs.worldbank.org/eastasiapacific/how-do-we-achieve-sustained-growth-through-human-capital-and-east-asia-and-pacific-proves-it

다음 그래프는 PISA(국제 학력평가 척도) 과학 분야 점수와 1인당 소득 사이의 관계를 보여준다.[4] 한국, 홍콩, 싱가포르, 중국 등 한자문화권 국가들은 모두 최상위권에 들어 있고, 중국을 제외하면 소득 역시 대부분 가장 높은 쪽에 속한다. 말레이시아, 태국, 인도네시아는 소득이 높을수록 점수가 높아진다. 최소한 동아시아-동남아시아 국가들에서는 [교육투자 → 생산성 향상 → 경제성장]이라는 관계가 작동하고 있었을 가능성이 높다.

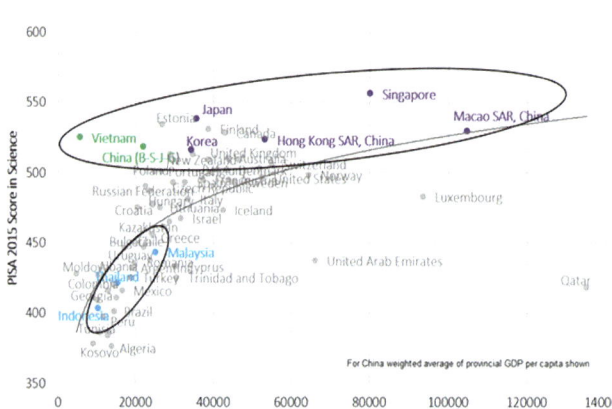

국가별 과학분야 PISA 점수(2015)와 1인당 국민소득

자료: htts:p//blogs.worldbank.org/eastasiapacific/how-do-we-achieve-sustained-growth-through-human-capital-and-east-asia-and-pacific-proves-it
자료: Barro & Lee(2013), The World Bank Group, Macro Poverty Outlook

---

4 월드뱅크, 상기 자료.

배울수록 추락하는 아프리카

하지만 교육과 성장 사이의 선순환 관계가 항상 성립하는 것은 아니다. 1960년대 이후 월드뱅크를 비롯한 국제기구들이 후진국 사람들의 빈곤 탈출을 돕기 위해 많은 투자를 했다. 특히 집중적 투자를 한 분야가 교육이다. 나라마다 초등학교와 중학교를 지어주고 아이들을 가르쳤다. 교육 수준도 빠르게 올라갔다. 그에 걸맞게 경제도 성장해야 마땅했지만 기대했던 결과는 나오지 않았다.

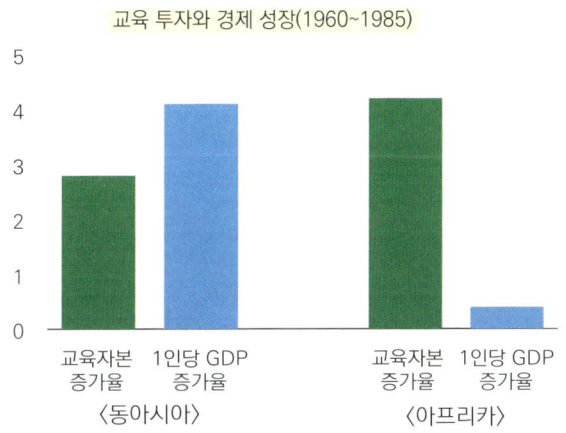

자료: 윌리엄 이스터리(박수현 역), 성장 그 새빨간 거짓말, 모티브, 2001, p 109.

아프리카 나라들의 경우를 보자. 1960년대 이후 앙골라, 모잠비크, 가나, 잠비아 같은 아프리카 나라들의 교육 수준은 매우 빠른 수준으로 높아졌다. 1960년 이후 25년간 연평균 교육자본 증가율에 있어 동아시아 국가들은 2.8% 정도인데 아프리카 나라들은 4%를 넘었다.

하지만 동아시아 국가들과 달리 이 아프리카 나라들의 경제성장률은 0.5%에도 미치지 못했다. 교육이 경제 성장에 도움이 된다는 명제는 아프리카에서는 성립하지 않았다.

아프리카 나라들끼리 비교해 보면 교육이 오히려 경제를 해칠 수 있음이 드러난다. 세네갈의 경우 교육년수는 매년 8%의 속도로 증가했지만 경제성장률은 오히려 -1%였다. 교육투자는 급성장했지만 경제는 오히려 뒷걸음질 친 것이다. 마다가스카르, 가나에서도 같은 현상이 나타났다. 반면 남아공과 레소토는 교육투자가 그리 많지 않음에도 성장률은 상당히 높았다.

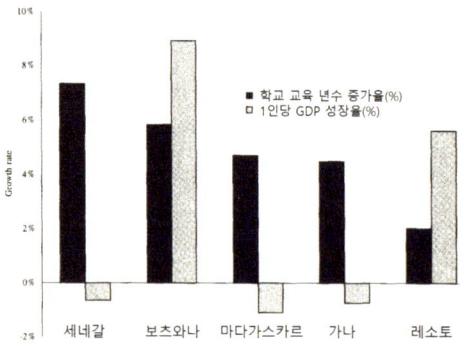

자료: Benhabib and Spiegel(1994), 이스터리 p.111에서 재인용

교육이 경제를 망칠 때

경제 성장이란 일반적으로 구성원들의 생산성이 높아짐을 뜻한다. 같은 시간 일을 해도 더 좋은 것, 더 많은 것을 생산하게 되는 것이 생산성 증가의 뜻이다.

교육은 일반적으로 생산성을 높인다. 소위 3R이라고 불리는 읽기^{read}, 쓰기^{write}, 계산^{arithmetic} 교육은 생산성 향상에 기여할 때가 많다. 글자를 배워 문서와 책을 읽고 쓸 수 있게 되면 다른 사람과 쉽게 의사소통을 할 수 있게 된다. 큰 조직에 속했을 때 무슨 일을 어떻게 해야 하는지 쉽게 파악할 수 있다. 계산 능력은 물건을 만들거나 계획을 세울 때 정교함을 더해줄 수 있다. 경제학자들은 이런 능력들을 인적 자본$^{human\ capital}$이라고 부른다.[5] 다른 조건이 동일하다면 교육은 인적 자본을 늘려서 각자의 소득을 높여주고, 시너지 효과를 통해 국가 전체의 경제 성장에도 기여한다. 지난 70여 년간 동아시아에서는 그런 일이 벌어졌다고 볼 수 있다.

아프리카 나라들에서 볼 수 있듯이 교육투자를 늘리는 데도 경제는 오히려 뒷걸음질 친 이유는 무엇일까.

첫째, 교육에 돈을 쓴다고 해서 반드시 인적 자본이 늘어나는 것은

---

5   Breton, Theodore R., A Human Capital Theory of Growth: New Evidence for an Old Idea (January 1, 2014). Center for Research in Economics and Finance (CIEF), Working Paper No. 14-13, 3

아니기 때문이다. 교육투자 확대를 통해서 교사나 교육 공무원의 처우를 높일 수는 있다. 학교 시설을 좋게 만들 수도 있다. 그러나 교사가 학생에 대해서 관심이 없다면 교육예산이 늘어난다고 해서 학생의 실력이 따라서 늘어난다는 보장은 없다.

둘째, 교육의 효과는 그 나라 제도의 성격과 밀접한 관련이 있다. 정부의 국민 통제를 당연하게 받아들이는 곳에서는 학교에서 배운 지식이 국민 각자의 생산성을 높이기 보다는 국민을 통제하는 수단으로 동원되곤 한다. 또 정부 관리들을 로비하는 용도로 쓰이기도 한다. 예를 들어 특정 산업에 진입이 제한되면 제품 가격을 올릴 수 있어 기존 업자들은 큰 이익을 얻게 된다. 교육을 통해 얻은 지식들이 공무원들에 로비를 하고 대중들에게도 그럴듯하게 포장하는 데에 쓰이곤 한다. 그런 곳에서는 많이 배운 자가 권력을 가지거나 특혜를 누릴 수는 있지만 대다수 국민의 삶은 피폐해진다. 따라서 지식이 생산적 용도로 사용될 제도적 기반이 갖추어져 있지 않는 나라는 교육이 오히려 성장을 해치는 장치가 될 수 있다.[6]

마지막 세 번째는 사회주의 교육이 갖는 문제점이다. 그 교육이 사고능력, 인지능력 자체를 죽이는 방향으로 이루어질 수 있기 때문이다. 이러한 가능성은 남한 내 탈북자들의 인지능력이 잘 보여준다.

---

6 이스터리, 상게서, p. 120.

배울수록 둔해지는 북한식 교육

2011년부터 남한 내 탈북자를 대상으로 관찰과 연구를 해온 서울대 경제학과 김병연 교수는 같은 대학 김정민 교수와 함께 '북한이탈주민의 인지적 능력과 경제적 성과'라는 논문을 발표했다.[7] 2014년, 2015년 두 해에 걸쳐 탈북민과 남한 출신 주민 각각 300명의 인지능력을 평가, 비교한 내용이다. 조사 대상인 북한 주민의 평균 교육연수는 9.7년이고, 남한 주민들도 최대한 비슷하게 선정되었다.

연구 결과 중 특히 레이븐 검사$^{Raven's\ Test}$라고 불리는 인지능력 검사 결과가 흥미롭다. 기하학적 도형을 가지고 문제 해결 능력을 평가하는 방식인데, 언어의 사용이 최소화되기 때문에 국제 비교의 수단으로도 많이 쓰인다. 남한의 언어에 익숙지 않다는 탈북민의 약점도 문제가 되지 않는다. 이 방법으로 파악된 탈북민의 개별적 인지능력 점수는 남한 내에서의 소득과 정비례의 관계를 가지는 것으로 드러났다. 즉 소득이 높은 사람일수록 인지능력 점수도 높았다. 높은 인지능력이 남한 내의 적응력을 높여서 소득도 높아진 것으로 해석할 수 있다. 일반적인 기대에 부합하는 결과다.

학교를 다닌 시기에 따라 교육년수와 인지능력 사이의 관계가 다르게 나타나기도 했다. 장마당과 사유재산이 보편화된 시기에 학교

---
[7] 김병연, 이정민. (2018). 북한이탈주민의 인지적 능력과 경제적 성과. 경제학연구, 66(1), 5-31.

를 다닌 세대는 교육년수가 길수록 인지능력이 높아졌다. 그러나 그 이전 세대의 경우 교육과 인지능력은 뚜렷한 상관관계를 가지지 않았다. 심지어 중등학교 졸업자가 초등 졸업자보다 더 못하게 나타나기도 했다. 더욱 주목할 부분은 국제 비교다. 2014, 2015년 두 해 모두에 있어서 탈북민의 인지능력은 남한 출신 주민의 1/2에도 미치지 못했다. 북한 교육의 성과가 저조하다는 것은 다른 나라들과의 비교에서도 확연히 드러난다.

북한 이탈 주민의 인지능력 관련 연구 결과

1. 남한 출신 주민과 북한 이탈 주민의 레이븐 점수 결과 비교

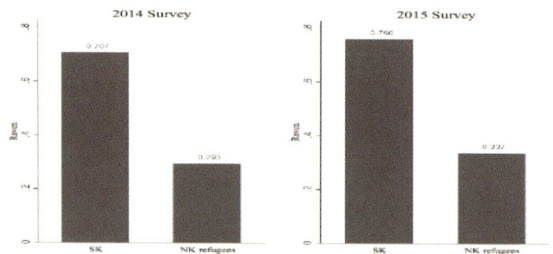

2. 학교 교육 년수와 인지능력 점수 관계도

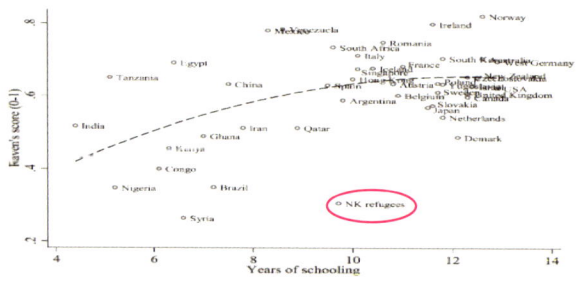

위의 두 번째 그림은 학교 교육을 받는 년수와 레이븐 검사$^{Raven's}$ ^{Test}에 의한 인지능력 점수 사이의 관계를 보여준다. 교육년수가 늘어날수록 인지능력도 높아지는 추세를 분명히 확인할 수 있다. 그런데 김병연 교수팀의 연구 대상이었던 달북자 집단은 그 관계를 크게 벗어나 있다. 평균 교육년수 9.7년 안팎인 다른 나라들, 예를 들어 남아공, 스페인, 이탈리아 등의 나라에 비해서 인지능력이 현저하게 떨어진다. 자본주의 체제에서는 교육이 대체로 인지능력을 높여주지만 북한에서의 교육은 그렇지 않을 수 있음을 암시해주는 결과다.

김병연 교수는 그 이유를 다음의 몇 가지로 설명하고 있다.

첫째, 자본주의 국가에서는 노동시장에서 필요로 하는 최소한의 인지능력을 배양해주는 것이 교육의 중요 목적 가운데 하나다. 반면 북한에서의 교육은 그것과 거리가 먼 맹목적 사회주의 이념 주입을 중시한다.

둘째, 졸업 이후 직장 배치에 있어서 학업 성적보다는 출신 성분이 우선시 되다 보니 학생들이 교육과정에서 굳이 인지능력을 기르려고 노력할 필요를 덜 느끼게 된다.

셋째, 노력 동원 등으로 교육과정의 40%가 소실되다 보니 학업에 집중할 시간 자체가 충분치 않다.

첫 번째와 두 번째 요인은 사회주의 체제에서의 교육이 오히려 학생의 인지능력을 낮추고 졸업 후 생산성까지 낮출 수 있음을 말해준다. 이처럼 교육은 사람들에게 이로울 수도 있고 해로울 수도 있다. 그렇다면 우리 대한민국의 교육은 어떤 모습일까. 어떤 과정을 거쳐 현재에 이르게 되었을까.

교육과 경제: 대한민국 건국 이후

이 땅에 대중교육이 본격적으로 시작된 것은 일제 식민지 시기부터라고 봐야 할 것이다. 그때부터 국민학교가 본격적으로 보급되었고, 해방과 대한민국 건국 이후에는 더욱 가속화되었다. 아이들은 학교에서 글자를 읽고, 쓰고, 계산하는 능력을 배웠다. 학교에서 습득한 그런 능력은 사회에 나가서 사람 구실을 하기 위한 기본이 되었다.

읽고, 쓰고, 계산하는 법을 알게 해주는 것 못지않게 중요한 학교의 역할이 있었다. 학교는 아이들에게 인내력과 복종심, 윗사람의 의중을 파악하는 능력 등을 심어 주었다. 학교에 잘 다닌다는 것은 선생님 말씀을 잘 듣는 것을 뜻했다. 이것은 때마침 시작된 경제 개발의 성격에 잘 부합했다. 선진국 상품의 복제품을 만늘어 값싸게 수출하는 추격형 경제에서 인내심, 복종적 태도 같은 것은 지식보다 훨씬 더 유용한 덕목이었다.

삼성전자가 64K DRAM 반도체를 개발하는 과정은 복종심의 기능을 극명하게 보여준다. 1983년 2월 삼성의 이병철 회장은 일본 도쿄에서 반도체 산업 진출을 선언한다. 곧 수원의 삼성전자 공장에 DRAM 개발팀이 꾸려졌다. 소속된 107명의 직원들 대부분이 반도체가 무엇인지조차도 몰랐다고 한다. 도시바, NEC 등 반도체의 최고봉이었던 일본 기업들도 기술을 전수해 주지 않았다. 그런 상황에서 개발팀이 제일 먼저 착수한 것은 연구나 교육이 아니라 군대식 행군이었다. 107명 전원이 무박 2일 64km 행군을 마쳤다. 64K 디램 개발을 위해 64km 행군부터 나섰던 것이다. 그야말로 '맨땅에 헤딩'인데도 그 107명은 군소리 없이 따랐다. 그리고 9개월 후인 11월에 64K 디램 개발에 성공했다. 집에도 못 가고 뜬 눈으로 밤을 새워가며 이뤄낸, 한마디로 우격다짐식 성공이었다.[8]

웃지 못할 코미디인데 우리나라의 경제성장 과정에는 이런 식의 사업이 많았고, 그 방법이 통했다. 조선업, 전자산업, 철강업 등 한국의 주력 산업은 군대식 밀어붙이기로 성공했다. 다른 나라들 같으면 위에서 이런 지시를 하더라도 직원들이 말도 안 된다며 거부했을 텐데 한국인들은 별 저항 없이 따르곤 했다. 그리고 결과를 만들어냈다. 군대 생활과 더불어 학교 생활을 거치며 익힌 복종심, 조직 문화 덕분이었다.

---

[8] 삼성, 64K D램 개발...반도체 신화의 서막, 전자신문 2012.09.17.

한국인은 심지어 예술조차도 군대식으로 추진해서 성공했다. 케이팝이 바로 그 결과물이다. 어린 연습생을 뽑아 3~5년 동안 맹훈련을 시킨다. 작사, 작곡, 공연 섭외 등 모든 것을 기획사의 명령으로 한다. 반항심 가득한 사춘기의 아이들은 기획사의 지시와 통제에 철저히 복종한다. 한국인들은 어릴 때부터 학교 생활을 통해서 윗사람에게 복종하고, 부당하거나 힘들어도 참는 능력과 태도를 익혔다. 이런 태도와 능력은 70여 년간 펼쳐졌던 추격형 경제에 잘 맞았고, 덕분에 급속한 경제성장이라는 과실을 누리게 되었다.

교육과 경제: 조선 사대부의 시대

우리나라뿐만 아니라 다른 동아시아 국가들에서도 극성스러울 정도의 교육열이 경제성장에 큰 역할을 했다. 하지만 교육이 경제에 이롭게 작용한 기간은 백 년도 채 되지 않는다. 수백 년 동안 교육은 이 나라들에서 오히려 백성의 삶을 피폐하게 만드는 장치였다.

한자 문화권에 속했던 나라들은 공자 시대부터 교육에 열성이었다. 그 중심에는 중국인들이 있었다. 10세기 송나라 때부터는 과거 제도가 뿌리를 내려, 공부 많이 한 사람이 벼슬의 출세가도를 누리게 되었다. 또 강남 개발, 즉 양자강 이남 지역의 개발로 인해 소득이 늘면서 공부를 업으로 하는 유생들이 많이 생겨났다. 공부의 대상은 공자

님 말씀이고, 그것을 재해석한 주희의 저작, 즉 주자 성리학이었다. 한반도 땅에도 고려 말부터 주자학 공부에 매달리는 사람들이 늘어났다. 정몽주, 정도전 같은 사람들이 그 시초다. 그리고 사람들은 조금만 여유가 생기면 자식 공부에 투자했다. 그렇게 해서 자식이 과거 급제라도 하는 날에는 가문 전체가 번창할 수 있었다. 이런저런 이유들로 사람들은 자식 교육에 열을 올렸다.

조선 사람들의 교육열은 《하멜 표류기》에도 등장한다. 네덜란드 동인도 회사의 선원으로 1653년 제주도에 표류해서 억류된 후, 1666년까지 13년 동안 조선 땅에서 지낸 헨드릭 하멜. 본국에 귀환한 뒤 출판한 책 《하멜 표류기》에서 다음과 같이 조선의 교육열에 대해서 썼다.

> 귀족들이나 일반 평민들은 자녀들을 매우 귀하게 키우며, 선생의 감독 밑에서 글을 읽고 쓰기를 가르쳐 줍니다… 선생들은 아이들에게 선인들의 학식을 가르쳐 주고, 학식이 높아 출세한 사람들을 본받으라고 합니다. 아이들은 밤낮을 가리지 않고 열심히 공부합니다… 어린아이들이 자기가 배운 책을 훌륭하게 해석하는 것을 보면 정말 놀랄 만합니다. 각 마을에는 서원이라는 집이 한 채 씩 있어서… 귀족들은 그곳에 아이들을 보내 공부시킵니다. 그리고 서원의 비용도 부담합니다.[9]

---

9   하멜 표류기, 스타북스, 2020.

당시의 교육열은 숫자로도 나타난다. 1543년 백운동서원을 시초로 조선 전역에 서원 설립 붐이 일어난다. 고종 때 공식적으로 파악된 서원의 숫자는 909개로 한 읍 당 3개꼴이었다. 경북 안동 지역에는 무려 21개의 서원이 세워졌다.[10] 그때도 이 땅의 사람들은 교육에 열성적이었다.

그곳에서 가장 열심히 가르치고 배웠던 콘텐츠는 《소학》이었다. 주자의 지시로 그의 제자 유자징이 쓴 책인데, 요즈음으로 치면 초등학생을 위한 행동지침서에 해당한다. 《소학》은 전편을 통하여 유교의 효심과 윗사람에 대한 존경심을 강조한다. 그렇게 자기 자신을 갈고 닦아 군자가 되어야 한다는 것이 큰 줄거리다. 한마디로 각자의 분수를 잘 알아서 윗 사람이나 자신보다 높은 신분의 사람을 잘 받들라는 것이다.

조선에서 글 좀 한다는 사람은 모두 소학을 강조했다고 한다. 권근은 모든 공부에 앞서 소학을 읽으라 했고, 소학에의 능통 여부는 성균관 입학의 최우선 조건으로 삼아야 한다고 했다. 김굉필도 소학이 모든 학문의 기초이며 인간 교육의 절대적인 원리라고 했다. 이후로도 조광조, 이황 등 기라성 같은 유학자들이 소학의 중요성을 강조했다. 특히 지방 유생들인 사림파는 일반 상민 즉 민중 교화의 수단으로 소학을 보급했다. 경상도 관찰사 김안국은 이 책을 한글로 번역한

---

10   김용삼, 세계사와 포개 읽는 한국 100년 동안의 역사 2, 백년동안, 2020, p.66.

《소학언해》를 발간해 가며 보급에 힘을 쏟았다. 사람들이 이 책의 내용에 따를수록 사대부 계층에 대한 대중의 존경심은 높아질 것이고 신분 질서는 공고해질 터이니 그럴 만도 했다.

조선 교육의 콘텐츠인 〈주자 성리학〉이 지향한 것은 기원전 11세기에 존재했던 주나라 때의 질서를 현세에 실천하는 일이다. 가문이나 충과 효 같은 것들이 대부분 그렇다. 서양에서는 대항해 시대가 열리고 신대륙을 발견해가는 즈음에 이 땅에서는 2,000년 전 중국 땅에 있었던 청동기 문명의 유령에 사로잡혀 있었다. 명나라가 망한 이후에는 조선을 '소중화小中華'라 칭하며 정신 승리의 세계 속으로 빠져들었다. 유생들에게는 주자 성리학 지식이 출세의 통로가 됐지만, 국가 전체로 보면 평민과 노비에 대한 착취를 영속화시키는 장치, 가난을 고착화시키는 역할을 할 뿐이었다. 조선은 그렇게 세계의 변화를 애써 외면하며 추락을 거듭하다가 외세를 이겨내지 못하고 식민지로 전락했다.

코리안의 도약은 그 유교 경전 교육과 '소중화小中華의 환상'을 버리면서 가능해졌다. 문이 열리고 한국인들이 세계와 거래를 할 수 있게 되면서 교육은 경제발전의 동력으로 변해갔다. 교육을 통해 습득한 문해력은 선진국 제품을 더욱 잘 복제할 수 있게 해줬고, 복종심과 인내심은 복제의 효율을 극대화시켜 생산 원가와 판매 가격을 낮출 수 있게 해줬다. 개방은 그렇게 만든 제품을 세계 시장에 팔아 돈을 벌 수 있게 해줬다. 잘 하는 사람일수록 돈을 더 잘 벌게 되자 사람들은 교육에 더욱 열성을 내게 되었다. 비로소 교육이 개인에게도 이롭고 사회 전체에도 이로운 존재로 다시 탄생하게 된 것이다.

모방형 경제의 수명이 다했다

지금까지의 한국 경제는 기본적으로 모방에 바탕을 둔 추격형이었다. 반도체, 배터리, 자동차, 조선, 석유화학 같은 한국 경제의 주력산업은 모두 성공적 모방의 결과물이다. 1960~80년대 당시의 선진국 특히 일본의 상품을 모방해서 성공했다. 이제 국산품의 상당수가 일본 것보다 더 나아졌지만, 그래도 그 바탕은 일본에서 온 것이 많다. 성공적 모방이라는 점에서는 일본도 다르지 않다. 미국에서 개발된 제품을 아이디어 삼아 정교하고 값싸게 만들어 성공했다. 그 일본을 한국이 추격해서 이제 거의 추월 단계에 접어들었는데, 일본은 새로운 것을 만들어내지 못하고 있다.

돌이켜 보면 새로운 것은 대부분 미국에서 나왔다. 석유와 철강, 자동차의 대량 생산 시스템, 그리고 전화, 인터넷 같은 것들이 모두 미국에서 발명되었고 미국에서 상업화에 성공했다. 일본은 그것을 모방해서 뛰어넘었고 한국은 다시 그 일본을 추월했다. 미국과 달리 일본에서는 새로운 것이 나오지 않는다. 그러다 보니 한국이 추월해서 시장을 다 뺏겼는데도 속수무책이다. 일본 경제의 한계이고 일본 문화의 한계이다. 좀 더 깊이 들여다보면 과거의 지식을 답습하기만 하는 일본 교육의 한계이기도 하다.

 그런 면에서 한국도 그다지 다르지 않다. 1980년 개혁 개방 이후 중국은 한국의 산업과 제품을 모방해 가며 무섭게 추격해 왔다. 2030년이면 완전히 추월당해서 시장을 잃을 형편이었는데 미-중 사이의 갈등이 한국 경제에 숨 쉴 틈을 내줬다. 미국이 중국에 반도체 등 첨단 제품의 원천 기술 제공을 차단한 덕분에 한국 입장에서는 중국의 추격이 주춤해졌다. 하지만 그 여유는 오래 가지 못할 것이다. 중국이 아니더라도 베트남, 말레이시아, 대만이 또 다른 경쟁자로 등장했고 그들이 한국을 추월할 날도 멀지 않았다. 일본과 같은 경제 추락의 운명에서 벗어나려면 우리의 문화를 바꿔야 한다.

 교육 이대로 두면 경제위기 온다

 서울대 경제학과 김세직 교수는 한국경제와 교육의 관계에 대해서 무서운 진단을 했다. 이런 교육 하에서 투자만 늘리면 경제위기가 온다는 내용이다. 오랫동안 IMF 선임 이코노미스트를 지낸 분의 말이라 더욱 마음이 쓰인다. 진단의 핵심은 5년 1%P 하락의 법칙과 노동생산성 하락, 그리고 교육과의 관계이다. 아래의 왼쪽 그림은 김교수가 도출한 장기성장률을 보여준다. 김영삼 정부 때 7%에 이르던 성장률이 지속적으로 떨어져서 이제는 거의 0%, 제로성장 상태로 접어들었다. 5년마다 1%P씩 떨어졌다고 해서 '5년 1%P 하락의 법칙'이라고 불렀다. 좌우파 사이에 정권이 바뀌어도 성장률 하락은 달라지지 않았다[11].

왼쪽 자료: https://www.joongang.co.kr/article/25002930#home
오른쪽 자료: 김세직, 안재빈. (2020). 한국 거시경제 진단. 한국재정학회 학술대회 논문집, 2020(1): 1-31

주목해야 할 부분은 하락의 원인이다. 오른쪽 그림에서 빨간색 선은 장기성장률이고 노란색이 노동생산성인데, 노동생산성의 하락이 장기성장률의 하락을 초래하고 있다[12]. 김교수는 암기식, 주입식 교육이 노동생산성 하락의 큰 원인이라고 진단한다.

---

11 김세직(2021), 모방과 창조-서울대 김세직 교수의 새로운 한국 경제학 강의, 브라이트, 2021.
12 김세직, 안재빈. (2020). 한국 거시경제 진단. 한국재정학회 학술대회 논문집, 2020(1): 1-3

노동생산성이 낮으면 투자를 해도 수익이 잘 나지 않는다. 1980년대의 일본의 버블붕괴, 1997년 이후 한국의 IMF 외환위기도 수익이 나지 않는 곳에 투자만 하다 보니 생겼다고 한다. 그것이 사실이라면 노동생산성이 매우 낮아져 있는 한국의 현 상황은 위험하다. 생산성은 낮은데 경기를 살린다면서 부채를 얻어 투자를 늘린다면 수익이 저조해 부도에 이를 수 있기 때문이다.

제로성장을 벗어나려면 교육이 매우 중요하다고 김교수는 강조한다. 암기식, 주입식 교육에서 토론식 수업으로 바꾸고 대학입시도 객관식 4지선다형에서 논술식으로 바꾸자고 한다. 필자의 생각과 약간의 차이가 있기는 하지만 핵심적 사실들, 그리고 교육과 대학입시를 바꿔야 할 필요성에는 전적으로 공감한다. 귀담아 들어야 할 경고다.

새로운 인재상

새 시대를 살아야 하는 사람에게 가장 중요한 덕목은 자기 주도성 Self-motivation 이다. 과거의 모방형 경제에서는 이것이 치명적으로 중요하지는 않았다. 어디를 가나 지시와 감시가 작동했기 때문이다. 가정에서는 부모가, 학교에서는 교사가, 직장에서는 상사가 지시하고 감시했다. 자기 주도성 보다는 오히려 복종심이 더 중요했을 수 있다. 모방형 경제는 답을 알고 있는 사람이 지시자나 감시자가 되기 때문에 복종만 잘해도 시스템이 잘 돌아갈 수 있다. 또 생산 규모가 커질수록 규모의 경제가 작용해서 원가가 떨어지기 때문에 조직들은 대형화하는 경향이 있었다. 그런 환경에서는 자기 주도적 인간보다 복종형 인간이 개인적으로도 성공하고 사회에 대한 기여도 클 수 있었다.

 하지만 이제 그런 시대는 지나고 있다. 더 이상 모방할 것이 없으니 답을 알고 있는 사람도 없다. 직장의 상사도 교사도 부모도 어떻게 하는 것이 좋을지 확실한 답을 알지 못한다. 답을 찾기 전에 문제가 무엇인지부터 결정해야 하는 시대이다. 질문하는 습관이 몸에 배어야 한다.

 예를 들어 선생님이 하는 말, 상사가 하는 말에 의문을 가져야 한다. 꼭 그래야 하는가? 다른 방법은 없을까? 문제는 윗사람의 입장에서 아랫사람이 질문을 하는 행위 또는 태도가 불경하게 보인다는 점이다. 늘 명령과 지시만 받으며 위로 올라간 사람들이어서 아래 사람이 자신의 지시에 의문을 제기하면 당장 도전하는 것으로 받아들이기 십상이다. 따라서 새 시대를 살아야 할 사람들은 상대방의 말, 의견, 지시에 이견을 제시하면서도 기분 나쁘지 않게 만드는 노하우를 몸에 익혀야 한다.

지시와 감시가 없어도 스스로 일을 찾아서 하는 자기 주도성도 반드시 필요하다. 앞으로의 세대는 대규모 조직에 속해서 일하기보다 각자 독립된 프리랜서로 살게 될 가능성이 크다. 지시를 내려줄 사람도, 일 하는지 여부를 감시할 사람도 없어진다는 말이다. 자기 주도적이지 않은 사람은 살아내기 어려운 시대가 다가오고 있다. 그래서 새 시대를 살아야 할 사람들은 자기 주도적임과 동시에 문제와 답을 찾는 일을 동시에 해내야 한다.

조직 내에서의 문화도 바뀌어야 한다. 윗사람이 말하면 토를 달지 못하는 문화가 사라지면 좋다. 직장 상사와의 관계에서뿐만 아니라 선후배 사이도 상하관계가 아닌 것이 좋다. 그런 문화 때문에 한국인들은 자기 의견, 자기만의 세계관이라는 것을 형성하지 못하는 경우가 많다. 그럼에도 불구하고 이미 존재하고 있는 문화를 하루아침에 파괴할 방법은 없다. 새로운 세대는 자기 주도적이면서도 다른 한편으로는 명령 복종에 익숙한 기성세대를 모셔야 한다. 그렇기 때문에 새로운 세대는 전통적 가치관을 가진 상사들의 견해를 거슬러 자기 주장을 하면서도 갈등을 빚지 않는 태도와 노하우를 갖춰야 한다. 그런 능력을 기를 수 있게 학교 교육이 변해야 한다.

협동 능력도 중요하다. 창조는 매우 어려운 과정이다. 특히 새로운 비즈니스의 창조에는 수많은 사람들간의 협동이 필요하다. 그러자면 서로 의견이 달라도 싸우지 않고 타협을 이뤄내야 한다. 낯선 사람들과도 잘 지내야 한다. 기브앤테이크를 잘함으로써 상대방의 능력을 이끌어 내고 자신도 그들에게 기여하는 과정을 통해 새로운 성과를 만들어 내야 한다.

 영어 말하기 능력도 매우 중요하다. 외국인과의 소통 필요성 때문이다. 한국 사람들끼리 일하는 작업 방식은 이제 한계에 달했다. 이제 새로운 아이디어를 얻고 세계 소비자의 취향을 알기 위해서 외국인들과 자유롭게 사귀고 그들과 섞여서 일해야 한다. 그들의 아이디어가 필요하기도 하지만 그들의 취향에 맞는 것을 만들어 팔아야 하기 때문이기도 하다. 선진국의 뛰어난 인재들과 같이 협력하고 의견을 나눌 수 있어야 한다. 중국인 노동자, 베트남인 노동자들과 공존한다는 의미에서의 다문화 정책과는 다른 이야기다. 그러자면 학교 다닐 때부터 영어로 수업하고 외국인과 대화를 나눌 기회를 많이 가져야 한다.

 디지털 기술, 가상 세계를 다루는 능력도 중요하다. 메타버스 플랫폼인 제페토를 경험한 인구가 벌써 2억 명으로 늘었다. 아이들은 이제 그 속에서 놀고 생산하고 돈을 벌기 시작했다. 기존의 오프라인 세상에서 살던 방식과 메타버스에서의 삶의 방식은 너무도 다르다. 나이를 굳이 밝힐 필요도 없고 직장에 취직할 필요도 없어진다. 우리의 컴퓨터와 스마트폰과 두뇌 속에서 그런 세상이 아주 빠른 속도로 영역을 넓혀 가고 있다. 이제 학교 교육이 아이들의 메타버스 생활에 도움을 줘야 한다. 영상을 활용하고 제작하는 능력과 가상 공간에서 익숙하게 생활하게 하는 체험 기회도 제공해야 한다. 학교가 해줘야 할 또 다른 역할은 아이들이 가상 세계와 현실 세계를 착각하지 않고 잘 구분해서 생활할 수 있는 능력과 더불어 그곳에서 지켜야 할 윤리와 도덕 기준도 제시해 주는 것이다.

퇴화된 질문 능력

창조성의 뿌리인 질문 능력과 자기 주도성 면에서 성인 한국인들은 낙제점이다. 명령-복종 문화, 주입식 교육에 철저히 적응한 부작용이다. 이런 태도가 앞으로도 계속 가정이나 학교에서 아이들에게 그대로 전수된다면 한국의 미래는 암담하다.

2010년 오바마 대통령의 기자회견장에서 벌어졌던 장면은 한국인의 현실을 아주 극적으로 드러내준다.[13] 그 해 9월 G20 서울 정상 회의장 폐회식. 오바마 미국 대통령이 폐막 연설을 끝낸 후 개최국인 한국 기자들에게 질문 기회를 줬다.

> 오바마: 한국 기자들에게 질문권을 하나 드리고 싶군요. 정말 훌륭한 개최국 역할을 해주셨으니까요. 누구 없나요?

---
13 오바마 대통령 기자회견에서 질문하지 않는 한국기자들, 제타위키. https://zetawiki.com/

어떤 한국 기자도 나서지 않았다.

오바마: 한국어로 질문하면 아마도 통역이 필요할 겁니다.
　　　　사실 통역이 꼭 필요할 겁니다.

그런데 이때 중국 기자가 튀어 나왔다.

중국 기자: 실망시켜드려 죄송하지만 저는 중국 기자입니다. 제가
　　　　　아시아를 대표해서 질문을 던져도 될까요?

오바마: 하지만 공정하게 말해서 저는 한국 기자에게 질문을
　　　　요청했어요. 그래서 제 생각에는…

중국 기자: 한국 기자들에게 제가 대신 질문해도 되는지 물어보면
　　　　　어떨까요?

오바마: 그것은 한국 기자들이 질문하고 싶은지에 따라 결정되겠네요.
　　　　없나요? 아무도 없나요?

그래도 한국 기자는 끝내 아무도 나서지 않았고, 오바마는 중국 기자의 질문에 답했다.

　이 부끄럽고 민망한 사건은 어쩌다 우연히 벌어진 것이 아니다. 우리들끼리 지내느라 잘 깨닫지 못하던 한국인의 특성이 국제행사를 통해서 드러났을 뿐이다. 질문을 안 하고, 또 못하는 분위기는 우리나라 최고의 기업이라는 삼성전자 역시 예외가 아니다. 삼성전자의 4년 차 외국인 직원의 말을 늘어 보라.

"삼성에 와서 가장 놀란 것은 상사의 지시를 받으면 '왜'라고 질문하지 않는다는 점이다. 실리콘밸리에 이렇게 질문하지 않는 기업이 있다면 살아남기 힘들다."[14]

가정에서는 부모가, 학교에서는 교사가, 직장에서는 상사가 지시하는 대로 복종하다 보니 질문 능력이 사라져 버렸다. 한국인의 이런 특성은 성인 문해력 PIAAC 점수에서도 드러난다.[15]

자료: 직업능력개발원, 세계일보에서 재인용. '이 나이에 뭘' 한국 성인 학습의지 OECD 꼴찌, 세계일보 2014-08-20.

한국인의 성인 문해력 지수는 청년 시절에는 높다가 나이가 들수록 급격히 떨어진다. 모든 나라가 그런 패턴을 보이긴 하지만 한국인에게서는 유독 심하게 나타난다. 55세 이상에서는 조사대상인

---

14 82년생 CEO, 넥타이 푼 회장님…'파격' 택한 기업 뒤엔 이들이, 머니투데이 21.12.13 https://news.mt.co.kr/mtview.php?no=2021121222271112575

15 The Programme for the International Assessment of Adult Competencies. https://www.oecd.org/skills/piaac/

OECD 국가 중 최하위 수준이다. 상사의 지시를 받아야 하는 젊은 시절에는 공부를 잘하는데, 나이가 들어 더 이상 지시자가 없는 상태에서는 스스로 학습하지 않음을 보여주는 숫자다.

참담한 컴퓨터와 영어 말하기 능력

컴퓨터 활용 능력 면에서도 한국은 심각하게 저조한 것으로 드러났다. 리서치닷컴은 세계 상위 9,700명의 컴퓨터 학자를 조사해서 '2022년 세계 최고 컴퓨터 과학자 순위$^{World\ Ranking\ of\ Top\ Computer\ Scientist\ in\ 2022}$'를 발표했다. 1,000등 안에 미국은 591명, 중국은 91명이 들었는데, 한국은 한 명도 없다. 한국의 1위는 세계 1,022위로 평가되었다.[16] 우리나라의 정보 교육 수준이 어떤 상태인지 적나라하게 보여주는 자료다.

영어 말하기 능력도 참담하다. '시원스쿨 랩^{Lab}'이라는 인터넷 강의 업체가 '2019년 전 세계 토플 성적 통계 데이터'를 분석해 내놓았는데, 한국인의 말하기 영역 성적은 30점 만점에 20점으로 세계 171개국 중 132위였다.[17] 토플은 읽기, 듣기, 말하기, 쓰기의 4개 영역으로 구성되는데, 4분야 전체의 합계는 87위로서 중간 정도이지만 말

---

16 https://research.com/news-events/world-ranking-of-top-computer-scientists-2022
17 토플 성적 171개국 중 87위로 밀려, 한국경제 2020.09.14, https://www.hankyung.com/society/article/2020091488561

하기 실력은 최하위를 면하지 못했다. 북한, 중국, 대만과 같은 수준이다. 영어가 필요치 않은 상황에서 한국 학생들의 성과는 좋다. PISA(국제 학업성취도 비교 연구) 점수에 그 상황이 잘 드러나 있다.

OECD '국제학업성취도(PISA)' 2018 결과

OECD 회원 37개국 비교   ❶ 순위(평균 500, 표준편차 100인 척도점수)

읽기
❶~❸ 에스토니아 523
❶~❹ 캐나다 520
❶~❺ 핀란드 520
❶~❺ 아일랜드 518
❷~❼ 한국 514
OECD 평균 487

수학
❶~❸ 일본 527
❶~❹ 한국 526
❶~❹ 에스토니아 523
❷~❻ 네덜란드 519
❹~❽ 폴란드 516
OECD 평균 489

과학
❶~❷ 에스토니아 530
❶~❸ 일본 529
❷~❺ 핀란드 522
❸~❺ 한국 519
❸~❺ 캐나다 518
OECD 평균 489

자료: OECD 국제학업성취도 비교 연구(PISA 2018) 결과 발표
교육부 보도자료, 2019-12-04

79개국이 참가한 'PISA 2018' 결과를 보면 한국 학생들은 상당히 상위에 속한다. 2009년 진보교육감들의 진보교육, 혁신학교가 시작된 이후 상당히 떨어지긴 했지만 다른 나라에 비해 여전히 좋은 편이다. 읽기의 경우 상위 6~11위, 수학은 5~9위, 과학은 6~10위이다.[18] 토플의 영어 말하기 등수와는 천양지차이다.

한국 학생들이 다른 나라 아이들과의 경쟁에서 이렇게 좋은 성적을 낼 수 있었던 것은 모든 테스트를 영어가 아니라 한국어로 치를

---

18 OECD 국제 학업성취도 비교 연구(PISA 2018) 결과 발표. 교육부 보도자료 2019-12-04

수 있기 때문이다. 모든 아이들은 각자 모국어로 시험을 친다. 그러다 보니 영어 실력과 무관하게 실력 발휘를 할 수 있었고 성적을 잘 거두었다.

PISA 문항 예시

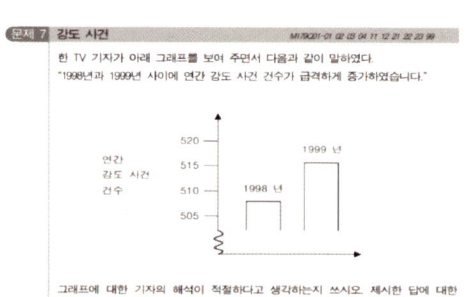

자료: OECD/PISA 2003 평가틀 및 예시문항, 한국교육과정평가원, 2004

한국인들이 영어만 아니라면 실력 발휘를 잘한다는 사실은 고전음악 분야에서도 그대로 드러난다. 피아노 연주 분야에서 세계적인 권위를 인정받는 '부소니 콩쿠르' 2021년 대회에서 한국인이 1, 2위를 차지했다.[19] 1등은 한국예술종합학교 4학년에 재학 중인 박재홍. 순수 국내파 피아니스트인데도 국제 대회에서 우승했다. 예선을 통과한 33명 가운데 9명, 최종 결승에 오른 3명 가운데 2명이 한국인이었다. 영어가 필요했다면 이루기 힘든 쾌거였을 것이다.

---

19 세계적인 권위 '부소니 콩쿠르'…한국인이 1·2위 '쾌거', KBS뉴스, 2021.09.04 https://news.kbs.co.kr/news/view.do?ncd=5272329

그러나 영어 말하기가 필요한 자리에서는 맥을 못 춘다. 국제기구에서의 활동이 대표적인 사례다. 한국인으로 국제기구에 근무하는 사람은 가물에 콩 나듯이 드물다. 세계무역기구 WTO에 근무하는 한국인 직원 수는 4명으로 전체 인원의 0.6%에 불과하다. 한국의 회비 분담률 2.9%(74억원)에 비해서 너무 작다. 유엔사무국과 경제협력개발기구(OECD)의 경우 분담률은 각각 2.3%(2,073억원), 3.5%(146억원)인데 직원 비율은 1.0%(129명), 1.2%(46명)이다. 유엔사무국의 경우 분담률 순위 11위인 우리나라(129명)보다 12위 호주(235명), 13위 스페인(448명)의 직원 수가 훨씬 많았다.[20] 영어 말하기 능력의 부족이 크게 작용했을 것이다.

한국인들의 소득의 절반 이상은 해외에서 발생한다. 특히 반도체, 스마트폰, 자동차, 선박, 케이팝 등 주력 산업은 해외시장의 비중이 절대적이다. 그런 만큼 나라 밖과의 소통이 중요해졌다. 해외 소비자를 이해해야 한다. 또 외국의 기업이나 인재들과 교류하며 그들로부터 새로운 아이디어를 받아 들여야 한다. 또 그들과 대화를 해가며 새로운 아이디어를 떠올려야 한다. 안타깝게도 한국인들은 그러기 위해 반드시 필요한 영어 말하기 능력이 너무 형편없다. 지금까지는 남의 것을 모방해서 성공할 수 있었으니 영어 부족이 결정적 장애가 아니었지만 이제는 다르다. 해외시장을 대상으로 새로운 것을 만들

---

20 작년 국제기구 분담금 7800억원...韓직원은 턱없이 부족, 동아일보 2021-10-06. https://www.donga.com/news/Inter/article/all/20211006/109579759/1

어내야 하는데 영어 소통 능력이 부족하니 치명적 약점을 안게 되었다. 일본이 바로 그런 난국에 처해 있다. 젊은이들이 해외 유학조차 가지 않으려고 하는 지경이다. 대선 후보들마다 5만 달러 소득을 공언하지만, 나라 안에만 갇혀 버린다면 소득은 오히려 3만 달러에 고착되거나 최악의 경우 2만 달러 수준으로 추락하지 말라는 법도 없다.

절박한 기업들

위기를 몸으로 느끼고 있는 기업들은 생존을 위한 몸부림에 나섰다. 당장 눈에 띄는 것이 컴퓨터 관련 인재의 양성이다. 예를 들어 삼성은 〈삼성 청년 SW 아카데미〉SSAFY를 만들어 매년 자기 직원이 아닌 일반 대졸자 2,300명을 대상으로 1년짜리 컴퓨터 소프트웨어 교육을 시키고 있다. 수업료가 무상인 것은 물론 매달 100만 원씩 지원금까지 지급하고 있다.[21] 포스코와 KT도 같은 성격의 프로그램을 운영한다. 기업들에 의해 배출되는 소프트웨어 인력이 연간 4,000명 정도에 달한다.[22] 대학 4년 동안 배워서 나와야 할 지식을 졸업 후에 그것도 기업 투자를 통해 시작하고 있는 셈이다.

명령 복종 문화 배격, 자기 주도적 문화 만들기를 위한 몸부림도 늘

---

21 http://www.mediapen.com/news/view/627581
22 https://www.mk.co.kr/news/business/view/2021/11/1061059/

고 있다. 대표적인 사례가 호칭 파괴다. 상사는 부하 직원에 반말을 하고, 부하는 상사에게 직급에 님자를 붙여 부르던 관행을 파괴해 가고 있다. 삼성그룹은 전 임직원이 부장님, 상무님 같은 존칭 대신 '~프로'로 부른다. LG 경영연구원은 이름 뒤에 직급 없이 '~님' 자만 붙여 부른다. 대부분의 대기업들이 어떤 형태로든 호칭에서 계급 또는 직위를 없애는 추세다. 명령하고 복종하는 분위기를 타파하고 자유로운 사고를 촉진하기 위함이다.[23] 기대했던 만큼 효과가 있지는 않다는 평가가 많지만, 그래도 자유로운 분위기 조성의 필요성을 얼마나 절박하게 느끼고 있는지 잘 보여주는 현상이다.

영어 말하기와 관련해서도 2000년대 초반부터 기업 내 영어 공용화에 착수한 곳도 여러 군데 있었다. 2000년대 초반부터 LG를 필두로 삼성 등이 뒤를 이어 사내 영어 공용화에 돌입했다. 하지만 이런 노력들은 요란한 소리에 비해 큰 성과를 내고 있지는 못하다.

호칭 파괴에도 불구하고 일방적 명령-복종의 분위기는 쉽게 바뀌지 않고 있다. 영어 공용화 역시 제대로 자리를 잡지 못하는 것으로 평가되고 있다.[24] 이미 다 자란 성인들의 사고방식을 바꾸기는 쉽지 않다. 외국어 구사력 역시 성인이 된 후에 습득하기는 어렵다.

---

23 대기업 호칭 파괴 두고 설왕설래, 매경 2022/02/02. https://m.mk.co.kr/news/business/view/2022/02/94244/
24 모종린, 기업내 영어공용화, 어떻게든 되살려야, 조선일보 2015.10.21 https://biz.chosun.com/site/data/html_dir/2015/10/19/2015101901892.html

그와 같은 능력들은 어린 나이부터 학교 교육을 통해서 체득하는 것이 가장 좋다. 하지만 학교는 오히려 거꾸로 가고 있다는 느낌을 지울 수 없다. 학교들은 시대의 흐름을 거스르고 있는 것 아닌가. 우리나라의 교육이, 학교가 이미 경제발전에 도움이 되기는커녕, 부담이 되는 지경에 이른 듯하다. 기업들이 갓 대학을 졸업한 신입사원 대신 경력사원 채용을 늘려가는 현상은 학교 교육의 쓸모 없어짐을 드러내는 징표일 가능성이 높다.

학벌 시대의 종말

취업 플랫폼 〈사람인〉이 기업 397개 기업을 대상으로 최근 2년간 채용 상황을 조사한 결과, 경력직 위주로 채용했다는 기업이 65.5%로 신입 직원 위주로 채용했다는 기업 35.5%의 거의 2배에 달했다.[25] 그만큼 기업들은 대졸 신입 사원보다 경력직 사원을 선호하는 추세가 강해지고 있다. 정기 공채보다 수시 채용을 늘리는 것도 같은 맥락이다. SK그룹의 경우 2022년부터는 100% 수시 채용하겠다고 밝혔다. 대졸 신입 대신 경력직 선발을 선호한다는 것은 학벌의 중요성이 줄어듦을 뜻한다. 그렇다고 해서 학벌에 대한 고정관념이 하루아침에 사라지지는 않겠지만 학벌보다 실적과 경험의 중요성의 커지고 있음이 분명하다. 실적으로 학벌의 약점을 극복할 여지가 커진다.

---

25 http://www.recruittimes.co.kr/news/articleView.html?idxno=89914

우리 사회에서 학벌이 중요한 자산으로 작용해 왔던 데에는 크게 3가지의 요인이 작용했다.

첫째는 관치경제의 그늘이다. 박정희 정부 이후 경제 분야에서 공무원들의 입김은 막강했다. 기업 활동이 공무원들의 영향력을 벗어날 수 없었다. 공무원, 특히 고위직들은 대부분 시험 잘 보는 명문 대학 출신들이었다. 그러다 보니 기업들은 직원을 선발할 때 공무원들과 동창 관계 등으로 쉽게 소통할 수 있는 명문 대학 출신들을 선호했다. 선후배 관계에서는 신뢰도 쉽게 쌓이는 것이 우리의 문화였다.

학벌을 중시하게 했던 두 번째 요인은 학교의 '신호 기능'이었다. 명문대에 합격했다는 것은 대개 지능이 높고 인내심도 큰 사람일 거라 추측하게 만든다. 그러면 다른 일도 잘해낼 수 있을 가능성이 높다. 대학에서 무엇을 배웠는지보다는 커트라인 높은 곳에 합격했다는 사실이 중요했다는 말이다.

세 번째의 요인은 우리 사회의 신뢰 수준이 낮다는 사실이다. 우리는 미국과는 달리 교수가 제자를 위해 써준 추천서를 믿을 수 없다. 좋은 점은 부풀리고 나쁜 점은 감추는 것을 사제지간의 인지상정으로 여긴다. 그러다 보니 우리나라는 혈연이나 친구 관계가 아닌 한 다른 사람의 추천을 믿지 않는다. 그런 상태에서 상대방의 능력을 판별할 수 있는 가장 믿을 만한 증거는 학벌이다. 좋은 대학을 합격했으니 뭔가 달라도 다를 것이라는 믿음을 가지게 된다. 실제로도 그것이 학점이나 추천서 등 다른 어떤 것보다 믿을 만했다.

  그런데 이제 기업들이 그 학벌보다 현장에서의 경력을 더 중시하기 시작했다. 여러 가지 요인이 작용하고 있을 것이다. 정책이 여론에 의해서 결정되다 보니 고위 공무원의 영향력이 현저히 줄었다. 기업이 굳이 명문 대학 졸업자를 채용할 이유도 줄었다. 비즈니스에서 요구되는 능력도 달라졌다. 입학시험에서 높은 점수 받은 것이 비즈니스 능력을 반영해 주지 못한다. 그런데 대학에서 배우는 것조차 실제의 세상과 동떨어져 간다. 기업들의 경력직 채용 확대는 학교들의 존재 기반이 사라지고 있음을 뜻할지 모른다.

메타버스 플랫폼인 제페토를
경험한 인구가 벌써 2억 명으로 늘었다.
아이들은 이제 그 속에서 놀고 생산하고 돈을 벌기 시작했다.
기존의 오프라인 세상에서 살던 방식과 메타버스에서의
삶의 방식은 너무도 다르다. 나이를 굳이 밝힐 필요도 없고
직장에 취직할 필요도 없어진다. 우리의 컴퓨터와 스마트폰과
두뇌 속에서 그런 세상이 아주 빠른 속도로 영역을
넓혀 가고 있다. 이제 학교 교육이 아이들의
메타버스 생활에 도움을 줘야 한다.

발목 잡는 학교들

　세상은 급변하고 있다. 메타버스며 AI 등장으로 아이들이 살아갈 세상은 지금의 세상과 완전히 다를 것이다. 반도체는 가장 중요한 자원이 되었고, 전기차의 등장으로 배터리가 석유를 대신해 가고 있다. K-Pop에 이어 K-Movie, K-Drama 가 세계 무대를 장악할 정도로 한국인의 글로벌 시장 진출 기회도 대폭 늘었다. 영어만 할 줄 알면 한국인도 얼마든지 세계로 진출할 수 있는 시대가 열렸다.

　당연히 교육도 그에 맞춰서 바뀌어야 한다. 아니 교육이 앞에 서서 그 진화를 이끌어가야 한다. 첨단산업에 필요한 지식을 학습케 하고, 창조와 질문 습관을 길러 줘야 한다. 유창한 영어 말하기 능력을 키워 글로벌 사회에 두려움 없이 속할 수 있게 해 줘야 한다. 하지만 우리나라의 교육은 화석화되어 버렸다. 변화를 이끌고 뒷받침하기는커녕 오히려 아이들의 발목을 잡는 지경이 되어 버렸다. 21세기를 살아야 하는 아이들을 20세기의 낡은 교실에 묶어 두고 있다. 넘치는 사례들 중 몇 가지만 소개하겠다.

컴퓨터 전공자 하나 못 늘리는 대학들

우리나라의 최고 인재들은 수도권 상위 대학으로 모인다. 이들의 미래 준비가 어떻게 되는가에 따라 그들 세대의 처지뿐 아니라, 우리나라의 미래가 큰 영향을 받을 수 있다. 수요 증가가 예상되는 분야의 전공자가 늘어야 하며, 사양 산업 분야를 억지로 전공하는 사람은 가급적 없도록 해야 한다. 즉 사회와 경제의 변화에 따라 대학 내 전공의 구성이 유연하게 적응해야 한다는 말이다. 안타깝게도 수도권 대학의 전공별 인원은 40년 전의 상태로 굳어 버려서 움직일 수가 없다. 수도권 규제와 교수들의 저항, 교육부의 포퓰리즘적 대학 구조조정 정책 때문이다. 가장 문제가 되고 있는 컴퓨터 전공을 예로 들어 살펴보자.

소프트웨어 개발자에 대한 수요가 폭증하고 있다. 이미 진행되고 있던 AI와 메타버스 붐에 코로나로 인한 비대면 활동의 증가가 더해졌기 때문이다. 컴퓨터 관련 학과를 졸업하면 취업은 거의 보장이다. 국내 프로그램 개발자들의 평균 연봉은 5,600만 원에 달한다.[1] 3년 정도의 초보자도 4,000만 원 이상을 받는다. 대학에서 이 분야의 졸업생 숫자가 늘어나야 정상이다. 그것이 경제에 좋고 나쁘고를 떠나서 무엇보다 학생 자신에게 좋다. 그런데도 국내 유수 대학의 관련 학과 정원은 거의 동결된 상태다.

서울대를 예로 들어 보자. 2008~2020년 기간 동안 서울대의 컴퓨터공학과 정원은 55명에서 70명으로 1.3배가 되었다.[2] 13년 동안 30%가 증가한 것이니 거의 변화가 없었다고 봐도 된다. 서울대의 이런 현실은 스탠퍼드 대학 같은 곳과 큰 대조를 이룬다. 같은 기간 동안 스탠퍼드 대학 컴퓨터공학과 모집 인원은 141명에서 622명으로 4.4배가 되었다.[3] 컴퓨터 관련 인력 수요는 폭발적으로 늘어나는데, 우리나라 대학은 전공자를 제대로 배출해 주지 못하고 있다.

서울대가 관련 전공자를 늘리고 싶지 않을 리 없다. 정원이 늘면 교수도 늘고, 활동도 많아질 테니 학생이 늘어나는 것을 마다할 리 없다. 그런데도 컴퓨터 전공을 늘리지 못하는 데에는 강력한 걸림돌이 있기 때문이다. 비인기학과 교수들의 저항, 수도권정비계획법에 의

---

1 https://www.mk.co.kr/news/it/view/2021/12/1213771/
2 스탠퍼드 컴공과 정원 10년새 5배↑ …서울대는 16년간 15명 늘려, 서울경제 2020-11-25. https://www.sedaily.com/NewsVIew/1ZAJLVOK2R
3 스탠포드 대학교 학적과 홈페이지. https://registrar.stanford.edu/everyone/enrollment-statistics/enrollment-statistics-2020-21/school-engineering-enrollment-2020-21

한 수도권 대학의 정원 통제, 그리고 포퓰리즘적 대학 구조조정 정책 때문이다.

 정원이 묶여 있는 상황에서 새로운 학과를 신설하거나 또는 특정 학과의 정원을 늘리려면 학생들이 찾지 않는 '저수요 전공'은 축소 또는 폐지할 수밖에 없다. 당연히 해당 학과 교수들은 격렬히 저항한다. 그런데 동료 교수들 입장에서는 그 반대와 저항을 무릅써 가며 자기 전공을 늘릴 정도로 절실하지는 않다. 인기 학과나 수요가 증가하는 학과를 늘리는 것이 좋기는 하지만 굳이 동료 교수와 원수지간이 되면서까지 그러고 싶지는 않다. 이런 이유들로 수도권 대학에서는 수십 년간 학과별 정원이 거의 그대로 유지되고 있다. 경제와 사회는 급변해도 대학은 화석화된 채 40년 전의 골격을 그대로 유지하고 있다. 일례로 프랑스어과, 독일어과의 경우 한 명도 제대로 취업하지 못했는데도 학과 정원은 그대로이고 교수들은 건재하고 있다.[4] 교수 밥그릇을 지키려고 학생들의 앞길을 막고 있는 셈이다. 공적인 업무와 사적인 관계를 잘 분리하지 못하는 한국 사회의 흉한 모습이다.

 그렇더라도 대학 전체의 정원을 늘릴 수 있다면 사정은 훨씬 나아질 수 있다. 하지만 최상위 인재들이 몰리는 상위 대학, 수도권 대학들은 그렇게 할 수가 없다. 1982년 제정된 수도권정비계획법에 의해

---

4   대학 구조조정의 현주소 에듀인뉴스 2021-04-19. http://www.eduinnews.co.kr/news/articleView.html?idxno=39231

서 대학 정원이 묶여 있기 때문이다. 수도권 대학 정원을 늘리면 수도권 인구가 증가하고, 그로 인해 지방에 피해가 간다는 것이 이유이다. 그리고 이 법과 규제는 당분간 없어질 가능성도 희박하다. 누군가 이 법을 없애거나 흔들려고 하면 엄청난 반발에 직면하게 될 것이다. 지방 대학 관계자와 지방 정치인, 지방 주민의 격렬한 반대를 감당할 수 있는 정치세력은 없어 보인다.

상황을 더욱 악화시키고 있는 것은 대학 구조조정 정책이다. 학령인구 감소로 정원을 못 채우는 대학들이 많아지자 교육부가 대학 구조조정에 나섰는데, 그 방법이 대학의 미래 대응을 더욱 어렵게 만들고 있다. 학생 모집이 안 되는 대학들을 질서정연하게 폐교하도록 만드는 것이 제대로 된 구조조정 정책이다. 하지만 교육부는 기본적으로 모든 대학에 대한 정원 축소를 정책으로 내걸었다.[5] 쉽게 말해서 모든 대학의 정원을 줄여서 줄어든 학생 수에 맞춘다는 식이다. 가뜩이나 첨단학과의 정원 확대가 필요한 수도권 대학들인데, 묶여 있는 그 정원마저 줄어들 상황이 닥쳤다.

컴퓨터 전공은 하나의 예에 불과하다. 세상의 변화는 컴퓨터 분야에만 국한되지 않는다. 전기차, 배터리, 에너지, 케이팝, 웹툰, 영화, 드라마 등 경제와 일상생활의 거의 모든 부문에서 나타나고 있다. 우

---
[5] 교육부 보도자료, 2021-12-22. 제23차 사회관계장관회의 개최 (대학 경쟁력 강화를 통한 학령인구 감소 대응 발표 등)

리의 생활이 바뀌는 것에 대학도 적응해야 한다. 전공의 변화, 전공별 인원의 변화는 기본 중의 기본이다. 그런데 우리나라의 정책들, 우리나라의 정치는 그것을 묶어 두고 있다. 이런 정책들이 계속되는 한, 대학에게서 적극적 미래 대응을 기대하기는 틀렸다.

한국 대학들이 밥그릇 지키기에 발목을 잡혀 멈춰 서있는 사이, 세계의 대학들은 무섭게 변해 간다. 사회의 수요에 적극적으로 대응하기 위해 과목, 전공, 정원이라는 틀을 모두 부수고 있다. 스탠퍼드대학은 학생 개개인이 설정한 '임무(미션)'가 전공의 개념을 대체하는 교차 전공과 디지털·인문학 결합에 에너지를 집중한다는 '스탠퍼드 2025년'을 선포했다.[6] 특정 학과에 입학한다는 개념 자체가 사라지고 학생이 택한 진로에 따라 강좌 또는 수업이 구성되는 방식이다. MIT의 미디어 랩은 교과 과정의 50% 이상이 과학, 미디어, 예술 등 분야를 넘나들며 연구 프로젝트를 수행하는 것으로 진행된다. 산업의 변화와 대학의 전공이 거의 연동화되어 있는 셈이다. 산업의 변화가 대학의 전공을 변화시키고, 그렇게 양성된 인재들이 또 산업을 진화시켜 나간다.

입학과 졸업이라는 개념 자체도 허물어지고 있다. 하버드 대학의 무료 온라인 수업 프로그램 '하버드X'에는 전 세계 195개국 16만 명이 등록되어 있다. 매년 6,700명의 신입생이 입학 절차를 거치긴 하

---

[6] 화석이 된 상아탑, 한국일보 2021.03.22. https://www.hankookilbo.com/News/Read/A2021031717260003572?rPrev=A2021031818590001744

지만, 온라인 등록자들도 학생이 아니라고 말할 수 없다. 세계의 대학들은 이렇게 세상의 변화에 적응하기 위해 적극적으로 변신에 나섰고, 그것으로 세상을 변화시키고 있다. 한국의 대학도 미래로의 대열에 합류해야 한다. 그러기 위해 지역 균형 개발이라는 명분으로 묶어둔 수도권 대학의 정원부터 풀어주어야 한다. 우리나라 안에 있는 대학이면 그것이 호남이든 영남이든 수도권이든 다 같은 대한민국의 대학인 것으로 받아들여야 한다. 수도권 대학의 정원을 묶어 두면 대한민국의 대학이 묶인 것이고, 대한민국의 학생이 묶인 것이다.

교사 이기주의에 막힌 초중고 컴퓨터 교육

근대 교육의 기본 주제는 3R $^{\text{Read, wRrite, aRithmetic}}$, 즉 읽고, 쓰고, 셈하는 법을 가르치는 것이었다. 하지만 모든 정보와 경제활동이 디지털 신호화해서 인터넷으로 연결되는 세상에서는 네 번째의 R이 필요하다고 한다.[7] 바로 Programming, 즉 프로그램 능력 또는 코딩 능력이다. 글자와 숫자를 다루듯이 컴퓨터와 디지털 기반 활동을 해내는 능력을 말한다. 이 능력을 가르치는 일을 코딩 교육, 정보 교육 등의 이름으로 부른다.

---

7 The Three Rs in Education: The Necessity of Coding Education in School February 13, 2020. https://blog.hatchcoding.com/the-three-rs-in-education-the-necessity-of-coding-education-in-schools

외국어 교육이 그렇듯이 정보 교육 역시 이른 나이부터 시작할 필요가 있다. 서강대학교 컴퓨터공학과 서정연 교수에 따르면 컴퓨터공학과 입학생의 90% 이상이 컴퓨팅 사고력을 배운 적이 없는 상태로 들어온다고 한다.[8] 그러다 보니 적지 않은 학생들이 1학년에 프로그램 포기자가 된다. 다른 학생들도 2학년까지는 기초개념을 익히는 데에 보내고 본격적인 전공 과목은 3학년에서 시작한다. 결국 컴퓨터공학과 학부 4년 과정을 마치더라도 AI 전문가 수준과는 거리가 멀다고 한다. 초중고등학교에서부터 컴퓨팅 사고력을 길러줄 필요가 있다는 말이다. 그렇다는 사실을 모두 알고는 있지만 초중고등학교에서의 정보 교육 늘리기는 번번이 실패를 거듭해 왔다.

초중고 12년 총 12,726 시간의 수업 중 정보 교육은 0.4%에 불과하다.[9] 초등학교에서는 5-6학년 동안 실과 과목의 한 챕터로 17시간(40분이 수업 1시간) 수업하며, 중학교에서는 기술-가정 과목에서 34시간 수업이 이뤄진다. 고등학교에서는 정보 과목이 일반 선택과목으로 되어 있지만 대학입시에 반영되지 않기 때문에 과목 개설조차 되지 않는 학교들이 많다.[10]

---

8 서정연, 초중등 교과과정의 AI SW 교육 활성화, 제183회 한림과학기술원원탁토론회 발표자료, https://www.youtube.com/watch?v=uZxd1GOiLx4&t=26s
9 김자미, 배우고 싶은 것을 교육하기 위하여, 제191회 한림원탁토론회자료, 2021.07.16.
10 서정연 상기 자료.

⟨2015년 교육과정 개정, 9월 22일 발표, 2017년 시행⟩

구 분	개편 내용	문제점
초등학교 (5~6학년)	'실과' 과목의 한 챕터로 2년 동안 17시간(1시간에 40분) 강의	• 체험 수준의 교육, 코딩 실습 불가능 (초등 교육 총 시수 5,896시간의 0.288%)
중학교	'정보' 과목, 34시간(2단위) 필수 (두 학기 동안 1주일에 1시간씩)	• 34시간 강의로 블록코딩 실습 • 충분한 컴퓨팅 사고력을 익히기에는 너무 부족한 시간 (총 시수의 1.01%)
고등학교	'정보' 과목을 일반선택으로 (대학입시에 반영되지 않고 있음)	• 개설하지 않은 학교가 많음

자료: 서정연, 초중등 교과과정의 AI SW 교육 활성화,
제183회 한림과학기술원 원탁 토론회 발표 자료

공교육의 이와 같은 직무 태만은 학생들의 디지털 문해력 부족을 초래하고 있다. OECD가 2021년 5월 발표한 ⟨피사^{PISA} 21세기 독자: 디지털 세상에서의 문해력 개발⟩ 보고서는 각 나라 학생들의 디지털 문해력에 대한 조사 결과가 담겨 있다. 만 15세 학생들(중3 또는 고1)을 대상으로 이메일의 사기성 여부(피싱 메일)를 판별할 수 있는 능력을 조사했는데 한국은 OECD 국가 중에서 가장 낮은 수준으로 평가됐다. 학교에서 정보가 팩트인지 의견인지, 편향된 의견인지 여부를 판단하는 교육을 받는 정도 역시 최하위였다. 간단히 말하자면 한국의 학생들은 디지털 문맹에 가까우며 그 원인은 학교가 관련된 교육을 하지 않았기 때문이다.

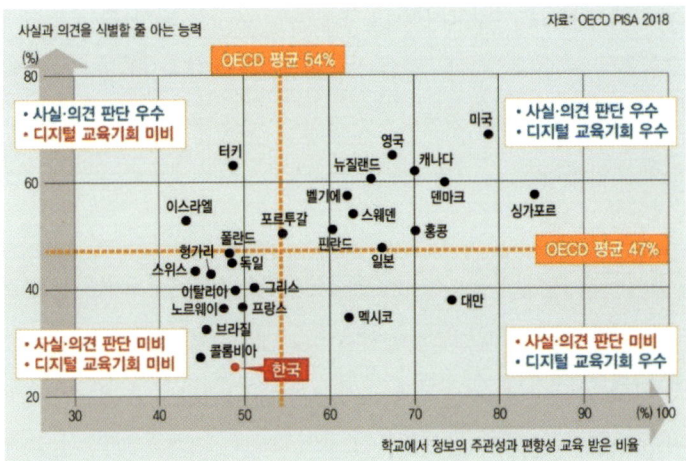

자료: https://www.hani.co.kr/arti/science/future/995403.html

정보 교육 확대의 필요성을 부인하는 사람은 거의 없다. 그런데도 교육 현장에서 정보 교육이 거의 이뤄지지 않는 이유는 교사들과 교수들의 교과목 이기주의 때문이다. 예를 들어 박근혜 정부에서는 창조경제의 진략 중 하나로 SW 교육 확대를 강하게 추진했다. SW 과목을 별도의 정규 과목으로 만들고 수업 시간도 일주일에 3시간씩 모두 68시간의 시수 확대를 추진했다. 하지만 결과적으로는 초등학교에서 주 1시간씩 총 17시간, 그것도 별도 과목이 아니라 실과의 일부로 포함하는 데에 그쳤다. 윤종록 당시 미래부 차관에 따르면 최종 결정권을 가진 교육부가 움직이지 않았다고 한다.[11] 정보 교과목 확

---

11 SW수업시간 4분의1로 줄인 교피아, 매경 2019/04/25. https://m.mk.co.kr/news/society/view/2019/04/262511/

대로 시수가 줄어드는 실과, 기술-가정 담당 교사들, 그들을 양성하는 사범대학 교수들 그리고 그 교수들의 눈치를 봐야 하는 담당 공무원들이 시수의 조정을 집요하게 방해했기 때문이다. 문재인 정부 역시 '디지털 뉴딜'을 외치며 SW 교육 확대를 약속했지만 결과는 달라지지 않았다.

경제신문 〈매일경제〉 기사에 따르면 2019년 초중등교육의 시수 구성은 1954년에 공표된 '교육과정 시간 배당 기준령'을 그대로 따르고 있다 한다.[12] 사실 여부를 필자가 직접 확인할 수는 없지만 교사와 교수들, 교육 담당 공무원들이 보이고 있는 행태를 보면 사실이라고 해도 놀랄 만한 일은 아닌 듯하다. 우리나라의 학교와 공교육 체제가 학생들의 발목을 잡고 있다.

전문가도 없이 메타버스 교육을?

정보 교육 시간을 늘린다고 해도 제대로 될지 여부는 확신할 수 없다. 소리만 요란할 가능성이 높다. 일단 학교 내에 전문가가 없다. 기존 교사들을 전문가로 만들어야 하는데 그 어려운 과정을 견뎌 내려고 하겠는가. 최소한 영어교육 및 창의성 교육과 관련해서 기존 공교육계가 보여온 행동을 보면 가능성이 없어 보인다. 본인들이 변화

---

12 매경, 상기 기사.

하고 싶지 않다면 최소한 외부에서 능력 있는 사람들을 받아들여 아이들이 배울 수 있게 길은 터줘야 한다. 하지만 교사들은 그것조차도 달가워하지 않는다는 현실이 교육부가 실시한 〈2022 교육과정 방향에 대한 각계각층의 다양한 의견 수렴 및 반영〉 설문 조사 결과에 드러나 있다.[13]

2021년 5월 17일부터 30일 동안 온라인으로 실시된 이 조사에는 전국 초중고 학생, 교원, 학부모, 일반 시민 등 총 101,214명이 참여했다. 참가자 특성별로는 교원 28,020명, 학생 15,964명, 학부모 52,276명, 일반 시민 4,954 명으로 구성되어 있다.

질문 항목 중 11번 문항은 외부 전문가를 활용한 교육에 관해서 묻고 있다. 고등학교에서 많은 학생들이 배우고 싶어 하는 내용이 있는데 가르칠 수 있는 교사는 없다. 이럴 때 외부 전문가에게 한시적으로 단독 수업을 맡기는 것을 어떻게 생각하느냐는 질문이다. 아주 제한적 범위의 외부 전문가 활용에 관한 질문인 셈이다.

> 문 11. 고등학교에서 많은 학생이 과목 개설을 희망하지만 담당교사가 없을 경우 교원 자격증이 없으나 일정 기준을 충족하는 해당분야 전문가가 한시적으로 단독 수업을 하는 것에 대해 어떻게 생각하십니까? 현재 학교는 교원 자격증이 없으면 정규 교사와 협력하여 수업을 같이 하고 있습니다.[14]

---

13   https://www.eduforum.or.kr/homepage/participation/results/42
14   https://www.eduforum.or.kr/homepage/participation/results/31

응답자들의 답변 상황이 아래 그림에 표시되어 있다. 학생과 학부모는 찬성한다는 의견이 반대보다 2배나 더 많다. 그러나 교사들의 경우 반대가 64.9%로 찬성 28.4%의 두 배도 더 넘는다. 학교 현장에서는 매우 제한적 범위의 외부 인력 활용조차 쉽지 않음을 보여주는 조사 결과이다.

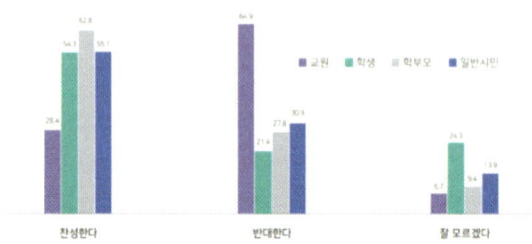

2022 교육과정 방향에 대한 의견 수렴 조사 결과

현재의 공교육 체제에서는 영어 말하기든, 메타버스 교육이든 기존의 교사가 해줘야 한다. 그 교육이 제대로 되려면 기존 교사가 영어 말하기 능력도 새로 익혀야 하고, 메타버스 전문가도 되어야 한다. 일부 적극적인 교사가 없는 것은 아니지만 대다수는 그럴 의지도 능력도 약하다. 외부 전문가라도 받아 들여야 하는데 그것도 원하지 않는다. 결국 기존의 학교, 기존의 공교육은 미래를 향해 나아가야 하는 아이들에게 걸림돌이 되어 버렸다.

교육부는 학생들의 선택을 보장하겠다며 2025년부터 고교 학점제를 도입하겠다고 선언했다. 취지는 좋으나 제대로 될 수 있을지는 의문이다. 기존의 교사들로는 새로운 과목을 개설해서 제대로 가르칠 수 없을 것이기 때문이다. 학생들이 원하는 배움은 학교 밖에 있을 때가 많다. 글로벌한 경험, 메타버스, 케이팝, 스우파 등등. 이는 아이들은 원하지만 학교와 교사들은 감당할 수 없는 분야다. 학생을 위해서라면 외부의 인재들이 학교에 와서 가르칠 수 있도록 문을 열어야 한다. 안타깝게도 다수의 교사들은 그럴 생각이 없어 보인다. 물론 헌신적인 교사들이 없지는 않겠지만…

갈팡질팡 영어 교육

공교육이 해결해 줘야 할 급선무 중에는 영어 말하기 능력도 있다. 영어만 잘하면 한국을 벗어나 미국으로 호주로 독일로 진출할 수 있는 인재들이 많다. 그렇다는 사실을 뻔히 알면서도 수십 년간 이 문제를 해결하지 못했다.

물론 한국인은 영어 말하기 능력을 익히는 데에 상당히 불리한 환경 속에서 산다. 일상에서 사용하는 한국어가 영어와 구조 자체가 다른 데다가 일상에서 영어 사용자를 만나지 않고도 살 수 있기 때문에 말하기 능력을 갖추기가 매우 어렵다.[15] 하지만 그것이 외국인만 보면 말문이 막히는 약점을 정당화해주지는 못한다. 이유가 무엇이었

---

15 이병민, 당신의 영어는 왜 실패하는가? 대한민국에서 영어를 배운다는 것, 우리학교, 2014

든 영어 말하기 능력을 갖추지 못한다면 한반도라는 우물 안을 벗어나기 힘들고, 그것은 미래 세대에게 치명적 약점이 될 수밖에 없다.

아이들에게 영어 능력을 갖춰주는 가장 좋은 방법은 학교에서 영어 교육을 제대로 시키는 것이다. 영어 교육을 말하기와 의사소통 위주 교육으로 바꾸면 된다. 기존의 문법 위주 교육이나 원서 강독을 목표로 한 교육으로부터 근본적인 방향 전환이 필요하다. 그럴 수 있는 원어민 교사들을 고용하고, 한국인 영어 교사에게는 말하기 능력을 의무화 하면 된다. 누구나 알고 있으면서도 안 된 이유는 교사들의 저항 때문이라고 봐야 할 것이다. 기존 교사들은 그것을 해낼 능력도 의지도 없다. 자신의 능력 없음이 드러나게 되는 원어민 교사의 채용도 좋아할 리가 없다.

학교 현장에서 원어민 교사의 숫자를 급격히 늘린 적이 있었다. 2002년에 131명이던 원어민 교사의 숫자가 2010년에 8,546명으로 증가했다.[16] 특히 이명박 정부 시절에 많이 늘었다. 하지만 2010년, 진보 교육감들이 대거 선거에서 승리한 이후[17] 원어민 강사의 숫자가 급격히 줄기 시작해서 2016년에는 4,962명이 됐다. 몇 년 사이에 40% 넘게 줄어든 것이다. 그 이후로 늘지 않고 있다.

---

16   https://go.seoul.co.kr/news/newsView.php?id=20101109023001
17   17개 시도 중 진보교육감 숫자. 2010년 6. 2014년 13. 2018년 14곳.

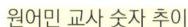

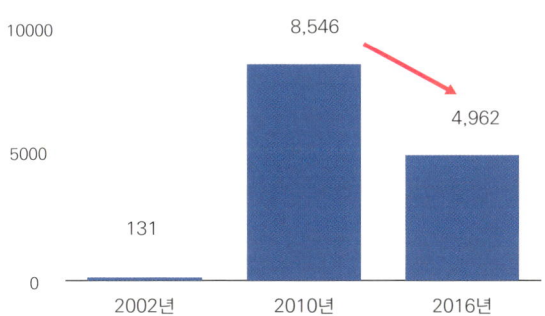

자료 : https://go.seoul.co.kr/news/newsView.php?id=20101109023001

예산 절약을 위해 한국인 교사로 대체한다는 명분을 내세웠지만 설득력이 없다. 영문잡지 〈Korea Observer〉의 한 기사에 따르면 공립 학교의 경우 원어민 영어강사 1인의 인건비가 3,700만 원인데 영어에 능통한 한국인 교사는 3,200만 원이 든다고 한다.[18] 큰 차이라고 보기 어렵다. 진보 교육감들이 원어민 강사를 줄인 직접적 이유는 아마도 이념적 동기에서 비롯되었을 가능성이 크다. 그리고 교사들은 그 결정에 박수를 보냈을 것이다.

이명박 정부에서 시도되었던 소위 영어 몰입교육은 제대로 시작도 못하고 좌절되었다. 영어 몰입교육이란 영어 과목을 영어로 가르치는 것은 물론 비영어 과목인 수학이나 과학 같은 과목들까지도 영어

---

18 크리스천 버그마이스터 , 한국의 영어교육, 방향을 잃다, Teaching English in Korea: The Golden Days are Gone . Civic News 2016.10.14. http://www.civicnews.com/news/articleView.html?idxno=4215

로 가르치는 방식이다. 영어조차도 한국어로 가르치는 현실을 바꾸기 위한 정책 변화였다. 하지만 시작 전부터 거센 반대에 부딪혔다. 전교조가 반대의 선봉에 섰고 수많은 교사들이 동참했다. 영어몰입교육에 대한 국민적 합의가 없었음을 명분으로 내세웠지만 속내는 아마도 다른 데에 있을 것이다. 미국에 대한 거부감과 더불어 교사 자신이 감당해야 하는 영어 말하기의 부담이 진짜 이유일 것이다.

공교육이 영어를 어떻게 취급하든 현실에서는 영어의 필요성이 더욱 중요해졌다. 그래서 부모들은 아이들이 영어를 잘하기 원한다. 한국교육과정평가원이 학부모 대상으로 조사한 '초등 1, 2학년 영어 방과 후 학교 프로그램 운영 현황 및 수요 분석'에 따르면 응답자의 71.8%가 방과 후 영어 교육에 찬성했다.[19] 부모들의 수요가 워낙 강했기에 학교들도 마지못해 방과 후 영어수업을 하게 되었다. 하지만 교육부는 선행학습 금지라는 명분 하에 초등 저학년 및 유치원의 영어 수업 금지를 명령했다. 문제는 영어의 원천적 필요성, 그리고 부모의 영어 교육열 자체를 막을 수는 없다는 사실이다. 수요는 강력한데 공교육에서 금지하다 보니 영어 사교육이 더욱 번창하게 되었다.
아래 그림에서 볼 수 있듯이 초등학생 대상 영어학원 숫자는 2014년 1.6만 개에서 2018년 2.5만 개로 58%가 늘었다.[20] 매년 2,000개

---

19 초등 1~2학년 방과후 영어 금지로 13만명 학원으로 눈돌려, https://www.yna.co.kr/view/AKR20181011079300004
20 초등 '방과 후 영어 금지' 사교육 늘렸다..영어학원 9226개 늘어, 베리타스 알파 2018.10.12. http://www.veritas-a.com/news/articleView.html?idxno=130417

가 넘는 초등 대상 영어학원들이 생겨났다. 공교육이 영어교육에 대한 수요를 채워주지 못하기 때문에 불가피하게 나타나는 현상이다.

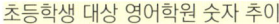

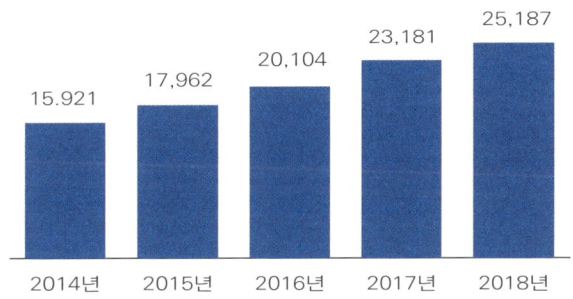

자료: https://www.seoul.co.kr/news/newsView.php?id=20101109023001

영어 사교육이 급증하자 학교도 난감한 상황이 되었다. 일부 초등학교에서 방과 후 수업에 영어를 시작했다. 교육청은 금지로 대응했고 학부모들은 반발했다. 그 이후 금지→유예→금지→허용→불발의 갈팡질팡 행보가 이어졌다.[21] 학부모와 학생은 글로벌한 세상에의 적응을 위해 영어 말하기 교육을 원하는데 공교육과 학교는 아이들을 우물 안에 가두기 위해 기를 쓰는 일이 계속되고 있다.

21　금지→유예→금지→허용→불발…오락가락 초등 1~2학년 방과후 영어수업, 중앙일보 2019.01.03

학교 가면 사라지는 아이들의 호기심

 기업들마다 명령-복종식 문화를 버리겠다며 인사에서의 서열 파괴, 호칭 파괴를 하느라 분주하다. 하지만 어릴 때 20년 넘게 학교를 다니며 굳어진 태도와 습관이 성인이 된 후 쉽게 바뀔 리가 없다. 이제 어릴 때부터 질문 잘하는 인재들을 길러야 한다. 그래서 카이스트의 이광형 총장은 학생들에게 이제 공부 좀 덜 하고, 끊임없이 질문하라고 주문한다.[22] 질문하는 능력, 의문을 품는 능력에 우리 아이들의 미래가 걸렸다. 원래 아이들은 질문이 많다. 자녀를 길러 본 사람이라면 끊임없는 질문에 귀찮았던 경험을 했을 법하다. 그 습관을 계속 유지시켜 준다면 성인이 되어서도 질문 잘하는 사람, 새로운 아이디어로 충만한 인재가 될 것이다.

 문제는 교사들이다. "선생님, 그거 틀린 것 같은데요?" 학생의 거침없는 질문은 교사를 힘들게 한다. 예상치 못한 질문, 교사 자신도 답을 알 수 없는 질문이 나오면 당황스러울 수 밖에 없다. 아니 교사뿐 아니라 한국의 모든 어른들이 보이는 공통적 태도이다. 어떤 질문이 나올지 알 수 없기 때문에 공부도 훨씬 많이 해야 한다. 질문을 장려하려면 교사가 그 고통을 극복해야 한다. 그것이 안 되기 때문에 우리 교육은 여전히 선생님 말씀 잘 듣는 아이들, 주어진 문제 잘 푸는

---

22 이광형 "공부는 덜 하고, 끊임없이 질문하라", http://www.munhwa.com/news/view.html?no=2021031501017730341001

아이들만 길러내는 지경을 벗어나지 못하고 있다. 교육의 질은 교사의 질을 넘어설 수 없다.

학교에서도 진작부터 창의성을 위해 교육 개혁을 해왔다. 2010 교과부 업무보고 자료를 보면 창의-인성 교육을 위해 학생들에게 지식을 '집어넣는 교육' 중심에서 탈피, 창의성과 잠재력을 '끄집어내는 교육'으로 전환하겠다고 천명했다. 구체적인 방법도 예시되어 있다. (2010 교과부 업무보고, 2009)[23] 표에 나와 있듯이 국어에서는 의사소통 능력, 수학에서는 문제 해결력, 사회에서는 개방성, 과학에서는 상상력과 탐구력, 예체능에서는 독창성과 감수성을 꼽았다. 이 모두가 단순한 지식 암기를 넘어 창의성을 길러주기 위한 요소들이다.

2010 교과부 업무보고의 창의, 인성교육 내용 및 방법(예시)

항목	국어, 외국어	수학	사회	과학	예체능
교육 내용	의사소통 능력, 문화 다양성	문제해결력, 분석력	시민의식, 개방성	상상력, 탐구력	독창성, 감수성
교육 방법	연극, 독서토론 등	교구 이용, 기하수업 등	지역사회 참여, 자원봉사 등	팀 단위 실험, 탐구활동 등	단체경기, 그룹 창작, 무용 등

자료: 2010년 교육과학술부 업무추진계획

---

23 2010년 교육과학기술부 업무추진계획, https://www.korea.kr/archive/expDocView.do?docId=23656

사실 주입식 대신 창의성을 강조하는 교육개혁은 1995년 김영삼 정부에서 이미 시작되었다(5.31 교육개혁).[24] 그런데도 교육 현장이 달라지지 않은 것은 교사들이 변하지 않았기 때문이었다. 김대중, 노무현 정부에서도 달라진 것은 없었다. 이명박 정부가 개혁을 실천하겠다며 본격적 교사 연수에 나섰다. 낙오자 분별과 해결책, 우수학생을 위한 수월성 교육 방안, 중간 계층을 위한 수준별 학습 등 교사의 전면적 의식 개혁에 착수했다. 연수 과정에 입소하면서 시험을 보고, 종료 후에 다시 최종 시험을 봐서 향상률을 체크하기까지 했다. 교사들의 불만이 들끓었다. 이명박 정부도 결국 교사들의 저항을 극복하지 못하고 좌절하고 말았다.

교육개혁을 주장하는 이주호 전 장관의 칼럼에 대해서 그 과정을 모두 겪었던 한 퇴직 교사의 댓글은 당시의 상황이 어떠했는지를 잘 드러내 준다.

> 이주호 장관은 이명박 정권의 교육을 설계하고 집행하신 분입니다. 교육부 차관과 장관 역임. 전두환 정권부터 중등학교 교직생활을 하였는데, 역대 정권의 교육 정책 부분에서는 가장 철저하게 실행하신 분이라고 여겨집니다. 낙오자 분별과 해결책, 우수 학생을 위한 수월성 교육 방안, 중간 계층을 위한 수준별 학습 등 전면적 개혁으로 교

---

24 소경희, 수사학에 빠진 한국의 창의성 교육: 창의성 교육에 대한 비판적 고찰, 한국교육신문 2016.12.01 https://www.hangyo.com/news/article.html?no=79048

사들 사이에서 원성이 높았죠. 저도 그중에 한 명이었답니다. 장기 연수를 가면 입소하면서 시험 보고, 최종 시험으로 향상률을 체크하기까지 하였답니다. 올해 교직에서 은퇴하였는데, 돌아보니 가장 고생했던 시절이었고, 가장 보람 있기도 한 시절이었군요. 당시 정책에 반대하는 여러 집회에 열성적으로 참가하였었는데, 지금 생각하면 창피하기도 합니다. 홉하우스2021.05.26 20:00.[1] @fr****

2015 개정 교육과정의 중심도 창의융합형 인재를 양성하는 것이고,[25] 2022 개정 교육과정도 자기 주도성과 더불어 창의성을 가장 앞에 내세운다. 하지만 그것을 구현할 교사들이 학생의 질문을 도전으로 받아들이지 않고 즐거워할 때 창의 교육은 비로소 시작될 수 있다. 교육개혁은 교사 개혁, 공무원 개혁부터 시작해야 한다.

혁신교육 : 겉으론 학생 중심, 속으론 교사 중심

2009년 진보 교육감들이 대거 당선된 이후 우리나라의 초중등 교육의 주도권은 진보 진영으로 넘어갔다. 주입식 입시교육 대신 학생 중심의 토론 교육, 민주교육을 그 내용으로 한다고 했다. 중부대학교 안선회 교수는 혁신교육, 더 넓게는 진보교육의 내용을 다음의 표와 같이 정리했다.

---

25   2015 개정 교육 과정의 핵심내용과 방향

진보교육 진영 교육개혁 패러다임의 주요 내용(안선회 교수 작성)

구분	지향가치 (초중등)	교육과정	수업	평가·기록	교원정책	학교혁신 고교체제	교육선발 고입·대입	교육여건 교육복지
문재인 정부와 진보 교육감 진영	학생중심 혁신지향 포용(교육복지) 책임과 소통 (20년 문재인정부) 공정	교육과정 재구조화-수업-평가-기록 일체화(주로 진보교육감 정책) 고교학점제(학생 선택권 확대) 역량중심 교육 민주시민 교육 중시	학생중심 수업 과정중심 수업 교사의 수업권 강화	교사의 평가권 강화 고교 내신 상대평가 학생에 대한 정성 평가와 기록 중시	공모제 확대 전문직 선발방식 수정 교원중심 승진제도 유지 교원평가제 무력화 교사선발 시 교육감 권한 확대	학교혁신 혁신학교 확대 자사고 폐지, 외고·국제고 폐지 학교자치 교무회의 심의기구화 주장	수능절대평가, 수능 자격고사 도입 학생부중심 고입·대입 요구 교사의 정성평가와 기록에 근거하여 교수가 정성전형	학급당 학생수 경감 교육시설 혁신 유아교육 국가 책임제 무상급식 고교무상 교육
전교조	교육불평등 해소 협력 교육공공성 교육주체 기본권 보장 (실제로는 교사 권리 강화)	고교 필수공통 과목 확대 주장 고교학점제 전면 재검토 (실제는 반대)	교사의 수업권 강화 교사의 주당 수업시수 축소 요구	교사평가권 강화 내신강화 위해 수능절대평가 요구 학업성취도 평가와 기초학력진단 등 학교 밖의 진단 거부	교원평가제 와 성과급제 폐지, 교장공모제 와 선출보직제 요구 교사의 수업권·평가권 강화 교사 행정 업무 경감	자사고 폐지 외고 국제고 폐지	수능절대평 가, 자격고사 도입 학생부중심 고입·대입제도(학생부교과 정성전형 요구)	유초중등 완전무상 교육과 대학 무상교육 주 4.5일제
특징	철저하게 교사 중심의 관점. '학생중심'을 표방하지만, 모든 교육 영역에서 교사의 권리 우선시							

자료: 안선회(2021). 한국교육 정책문제와 진보교육 진영 교육개혁 정책패러다임의 연관성 분석. 교육정치학연구, 28(1): p. 133

안 교수는 진보교육 진영을 진보 교육감과 전교조로 구분했다. 진보라는 점에서는 둘이 같은 범주에 속하시만 구체적 정책 대안에서는 차이가 있기 때문인 것으로 보인다.

두 진영 모두 주입식 교육과 입시 위주 교육 대신 토론식 교육, 민주 교육, 현장체험 중심 교육을 중시한다. 공무원의 개입을 줄여서 교사의 권한을 늘리고자 한다는 점에서도 같다. 자사고, 외고, 국제고 폐지도 같은 입장이다. 하지만 학생의 선택권을 대하는 태도는 차이를 보인다. 교육감 쪽에서는 고교 학점제 등 학생 선택권 확대를 내세우는데 전교조에서는 실질적으로 반대하고 있다.

우리나라의 혁신교육은 크게 2가지의 흐름이 합쳐진 것으로 보인다. 첫째는 서구식 진보교육과 학생 중심 교육의 흐름이다. 핀란드식 교육으로 불러도 좋을 것이다. 교사가 일방적으로 강의하는 주입식 대신 학생이 배울 것을 정해서 스스로 배우는 방식이다. 가급적 시험도 보지 않는다. 학생에 대한 평가는 교사가 주관적으로 알아서 한다. 잘 언급되지 않는 또 다른 하나의 흐름은 그람시의 진지전에 입각한 흐름이다. 자본주의를 전복시키기 위해 이 체제를 받치고 있는 가치를 해체하자는 움직임이다. 동성애, 페미니즘 등을 보급해서 전통적 양부모 가정을 해체시키는 등의 접근이다. 우리나라의 진보진영에서 한동안 찬양해 마지않던 베네수엘라의 차베스는 교육개혁을 사회주의 운동의 완성을 위한 수단이라며 그람시를 참조하라고 했다. 전교조가 이런 색채를 강하게 띄고 있다.[26]

혁신교육, 진보교육의 성과에 대해서는 논란의 여지가 크다. 하지만 분명하게 드러나는 것은 학력 저하 현상이다. 다음의 표들은 국가수준 학업성취도 평가 결과 기초학력 미달 학생의 비율을 보여준다.

---
26 남정욱, 굿바이 전교조, 북앤피플, 2012

2013년부터 2019년까지인데, 진보 교육감의 시대가 2009년부터 시작되었고 이 기간 동안이니까 진보 교육감의 시대, 진보교육의 시대라고 봐도 될 것이다. 중3의 경우 국어와 수학의 학력 미달자 비율이 2013년에 비해 2019년이 눈에 띄게 늘었다. 다행히 영어는 비슷한 수준이다. 고2의 경우도 수학은 학력 미달 비율이 2배로 늘었다. 국어와 영어 역시 미달 비율이 증가했다.

〈표1〉 국가수준 학업성취도 평가 결과 : 중3학년 기초학력 미달 학생 비율

(단위: %)

과목	2013	2014	2015	2016	2017	2018	2019
국어	1.3	2.0	2.6	2.0	2.6	4.4	4.1
수학	5.2	5.7	4.6	4.9	7.1	11.1	11.8
영어	3.4	3.3	3.4	4.0	3.2	5.3	3.3

〈표2〉 국가수준 학업성취도 평가 결과 : 고 2학년 기초학력 미달 학생 비율

(단위: %)

과목	2013	2014	2015	2016	2017	2018	2019
국어	2.9	1.3	2.7	3.3	5.0	3.4	4.0
수학	4.5	5.4	5.6	5.3	9.9	10.4	9.0
영어	2.8	5.9	4.5	5.2	4.1	6.2	3.6

주: 17-19년도는 국가수준 학업성취도 보도자료, 13-16년도는 해당 연도 보도자료, 13-16년도는 전수 평가, 17년도 이후는 표집 평가
* 출처: 이광현(2020), 자료: 안선회(2021), 전게 논문

이렇게 된 이유가 2016년부터 일부 학생만 추출해서 시험을 치는 표집 평가 때문이라고 교육부는 설명했다.[27] 학교가 대비를 덜해서

---
27 조선일보, 2019.03.28

그렇게 됐다는 말이다. 하지만 OECD가 주관하는 국제학업성취도 평가^{PISA} 결과를 보면 교육부의 설명에 설득력이 없음을 알 수 있다.

다음 그림에서 볼 수 있듯이, 독해력과 수학은 2008~2009년에 최고치에 달했다가, 그 후부터는 계속 떨어지고 있다. 과학의 경우 2009~2012년을 정점으로 하락세로 돌아섰다.

분야별 PISA 점수 추이

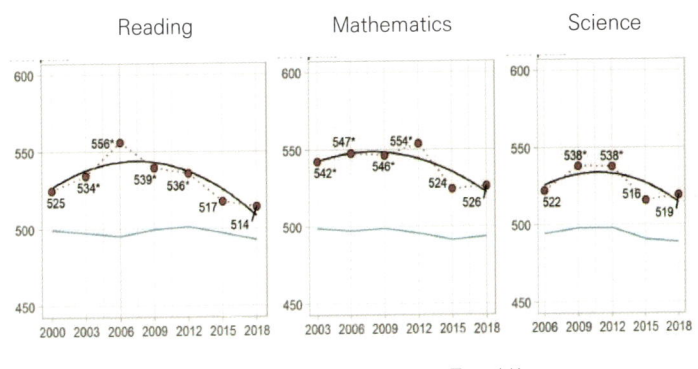

자료: 한국 읽기 점수 국제비교 사상 최저, 연합뉴스 2019-12-03.
https://www.yna.co.kr/view/AKR20191203135300004

진보교육에 따른 학력 저하는 우리나라만의 현상이 아니다. 일본, 스웨덴, 핀란드 등이 모두 진보교육으로 전환한 후에 학력 저하 현상을 겪었다. 스웨덴은 1994년 경부터 학생중심 교육, 진보교육으로 전환했다. 그 이후 학력 저하 현상이 상당 기간 동안 이어졌음을 아래 왼쪽 그래프의 PISA 점수 추락으로 확인할 수 있다. 핀란드의 경우 원래는 획일적 주입식 교육이었는데, 2000년 경부터 진보교육으로 전환했다. 그 이후 PISA 점수는 혼조세를 보이다가 2006년부터는 급격한 하락세를 보이고 있다. 학생에게 자유를 많이 허용한 학교일수록 학력 저하는 심하며, 소득별로는 저소득층일수록 더 심했다는 연구 결과가 있다.[28] 이 나라의 교육을 정밀하게 분석한 살그렌은 핀란드 학생들의 높은 학력 수준은 진보교육 때문이 아니라 그 이전의 전통적 교육 방식 때문이었다는 결론까지 내린다.[29]

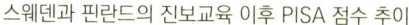

스웨덴과 핀란드의 진보교육 이후 PISA 점수 추이

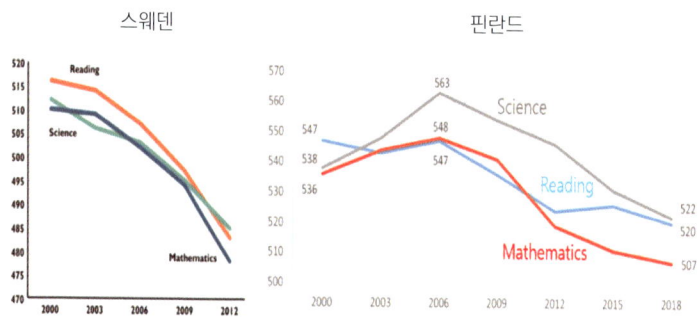

자료: Magnus Henrekson & Sebastian Jävervall, Educational performance in Swedish schools is plummeting- what are the facts? The Royal Swedish Academy of Engineering and Science, 2016. Arto K. Ahonen, Finland: Success Through Equity—The Trajectories in PISA Performance, November 2020

---

28 https://www.economist.com/international/2019/12/05/pisa-results-can-lead-policy-makers-astray

29 G. H. Sahlgren, Real Finnish Lessons: The true story of an education superpower, 2015. https://cps.org.uk/wp-content/uploads/2021/07/150410115444-RealFinnish-LessonsFULLDRAFTCOVER.pdf

토론식 교육, 학생 중심 교육이 반드시 학력 저하를 초래할 필요는 없다. 대구와 제주도에서 도입을 준비 중인 IB 교육(국제 바칼로레아 교육)도 전형적인 토론식 교육, 학생 중심 교육이다. 그런데 IB 교육을 받은 학생들이 일반 학생들보다 PISA 점수가 더 높다.

다음 그래프의 회색 막대는 일반 학생들의 평균 PISA 점수이다.

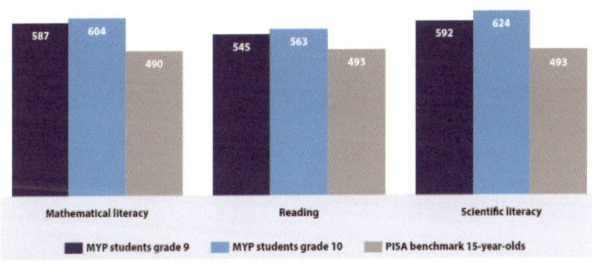

자료: Performance comparison between IB and non-IB school students on the International Schools' Assessment, International baccalaureate, 2021.05.

짙은 청색은 IB 교육을 받는 9학년(중3), 하늘색은 IB 교육을 받는 10학년(고1)의 점수를 나타낸다. 원래 IB 학생들은 PISA를 본 따 만든 국제학교평가 ISA: International School Assessment 를 치르는데, 그래프의 점수는 ISA 점수를 PISA 점수로 환산한 수치이다. 2017~19년 기간 동안 ISA에 참가하는 445개 학교를 대상으로 분석한 결과다. 수학과 독해력, 과학 영역 모두에서 IB 교육을 받은 학생들이 월등히 높은 수준에 있음을 알 수 있다.[30] 토론식 수업, 학생 중심 수업을 한다고 해서 학력이 떨어질 이유가 없음을 보여주는 결과다.

일반적 진보교육과 IB 교육 사이의 결정적 차이는 시험이다. 일반 진보교육에서는 시험을 잘 보지 않는다. 2000년 이후의 핀란드, 일본의 유토리 교육, 우리나라의 혁신학교가 모두 그렇다. 하지만 IB에서는 시험이 중요하다. 주관식 논술형 시험을 보는데 평가의 객관성을 유지하기 위해 채점은 2명의 채점자가 교차 평가하며, 심지어 일부의 시험지는 본부에 보내어 평가하기까지 한다.[31] 이를 통해 학생의 학력 평가도 이뤄지지만 교사에 대한 평가도 이루어지는 셈이다. 하버드, 옥스퍼드, 케임브리지 등 세계 유수의 대학들에서 IB 점수를 인정한다는 것은 평가의 신뢰성이 높음을 뜻한다. 우리의 수능 점수가 우리나라를 벗어나면 전 세계에서 거의 인정되지 않는 것과 매우 대조적이다.[32]

진보교육은 학생과 교사들을 행복하게 한다. 시험을 보지 않고 하고 싶은 것을 하면 스트레스가 사라질 터이니 당연히 행복해진다. 하지만 교육이 그저 노는 것이 되면 곤란하지 않겠는가. 그런 교육의 대가로 기초 학력이 낮아진 것은 분명한데 당장의 행복감 말고 미래

---

30 Performance comparison between IB and non-IB school students on the International Schools' Assessment, International baccalaureate, 2021.05.
31 박윤배, IB 도입해 '평가' 바꿔야 교육혁신 성공한다, 에듀인뉴스 2019.04.15. http://www.eduinnews.co.kr/news/articleView.html?idxno=13397
32 이혜정 외 6인, IB를 말한다, 창비교육, 2019, p. 207.

를 위해서 학생들이 얻는 것은 무엇일까. 토론식 수업, 체험식 수업에서 원래 기대해 온 학생들의 창의성과 자기 주도성을 얻을 수 있을까. 안타깝게도 우리는 그것을 판단할 정도로 충분한 경험을 갖지 못했다. 하지만 지금까지의 느낌 또는 선입견으로는 학생들에게 체제에 대한 저항의식, 반자본주의 심리 같은 것만 더 높여 놓은 것 아닌가 의구심을 지울 수 없다. 그럴수록 우리의 아이들이 미래의 경제에 적응해서 살기가 어려워질 것으로 보인다.

교육도 비용도 사립이 더 낫다!

 우리나라 공교육이 전반적으로 사회와 경제의 변화로부터 동떨어져 있지만 그나마 사립 학교들은 사정이 낫다. 사회 변화에 능동적으로 대처하는 자세, 학생과 학부모의 요구를 수용하는 정도 등 대체로 공립보다 사립이 낫다. 숨어 있는 비용까지 포함할 경우 교육비 면에서도 사립이 공립보다 심지어 더 저렴하다. 교육 개혁을 함에 있어 그 원동력을 활용할 필요가 있다. 사립 초등학교, 자율형 사립고의 사례로 이런 사실들을 밝힌다.

공립초와 사립초가 코로나 대응에 보인 차이

 코로나 사태를 겪으면서 사립 초등학교의 입학 경쟁률이 치솟았다. 2022년 입학생의 경우 평균 11 대 1이나 된다고 한다. 사립 초등학교를 보내려면 매년 1,000만 원 이상 지출할 각오를 해야 한다. 그 많은 사람이 무상교육인 공립 초등을 마다하고 사립을 택하는 것은 뜻밖이다. 가장 큰 이유는 공립의 코로나 대응 방식이 마음에 들지 않기 때문이다. 아이의 사립초 전학을 고민하고 있는 이모씨(38)를 중앙일보가 인터뷰한 내용이 그 생생한 느낌을 전해 준다.

> "코로나19 때문에 우리 아이가 다니는 공립초는 문을 닫고 집에서 온라인 수업을 하는데, 같은 아파트의 사립초 아이는 스쿨버스 타고 등교하고, 방과 후 수업도 받더라. 사립초는 원격수업에서 학생과 교사가 소통하는 수준이나 밀접도가 더 높은 것 같다."[1]

실제로 등교 일수에서 사립은 공립보다 2배 더 많다. 이탄희 의원이 서울시 교육청으로부터 제출받은 자료(2020.5.26 기준)에 따르면 공립 초등학교의 주당 평균 등교 수업일수는 1.9일인데, 사립은 4.2일이다.[2] 학생들의 오전 원격 수업 참여 비율도 사립이 공립보다 2~3배 더 높다. 사립 초등학교가 학생과 학부모의 필요에 더 적극적이고 신속하게 대처함을 잘 보여주는 사례다. 부모들이 비싼 돈 써가며 사립에 보내려는 이유를 알 수 있다. 공립이 새로운 상황에 제대로 대응하지 못하기 때문이다.

---

1 코로나에 부실한 공교육…서울 사립초 '전학 러시', 중앙일보 2022.01.12.
2 코로나에도 사립초는 주 4일 등교, 에듀인뉴스 2020.10.07.

2020년 서울시 초등학교 학사운영 현황(2020.5.26 기준)

구분	학교수	주당 평균 등교 수업일수
공립	562	1.9
국립	2	1
사립	38	4.2

자료: 이탄희 의원실이 서울시 교육청으로부터 제출받은 자료

컴퓨터 교육도 사립초가 더 낫다

비용 문제를 제외하면 사립은 코로나 이전부터 여러가지 면에서 공립보다 더 나았다. 앞 장에서 언급했던 정보화 교육과 영어교육을 예로 들어 보자. 이와 관련해서 대광초등학교 최문석 교사와 서울교육대학교 컴퓨터 교육과 신승기 교수, 두 연구자가 사립과 공립 초등학교의 정보교육 시수를 비교해서 논문을 썼다. 결과는 사립 초등학교가 공립보다 9배 더 많은 시간을 정보교육에 사용하는 것으로 드러났다.[3]

공립 초등학교에서 필수적으로 진행되는 정보교육(2015 개정 교육과정 기준)은 5~6학년 실과 교과에 별도 단원으로 편성된 17시간이며 대부분 이대로 하고 있다. 사립 초등학교도 같은 교육과정을 따르지만, 실제로는 정보교육에 6년간 약 152시간을 배정하고 있었다.

---

3   최문석, 신승기, 공립 초등학교와 사립 초등학교의 정보교육 시수 비교 연구, 2021년 정보교육학회 학술논문집 제12권 제2호.

공사립 모두 정보교육을 위한 환경은 크게 다르지 않다. 공립 초등학교에도 사립과 마찬가지로 모두 컴퓨터실이 있고, 각 교실마다 무선 네트워크 사용 환경이 구축되어 있다. 양쪽 모두 동일한 교육과정을 준수하고 있다. 그런데도 사립이 공립보다 훨씬 더 많은 정보교육을 할 수 있는 이유는 특성화 교육 등의 시간을 활용하기 때문이다. 무엇보다 학부모와 학생이 그런 교육을 좋아하기 때문이다. 공립초는 그래야 할 이유가 없다. 그 차이는 학생들의 미래에도 영향을 주고 있을 것이다.

영어 영어 영어

영어 교육에 있어서도 사립과 공립은 차이가 많다. 김혜윤은 공사립 초등 학생들(사립 초등학생 92명, 공립 초등학생 83명)의 영어 사용에 대한 태도를 조사해서 석사 논문으로 발표했는데 흥미로운 차이가 드러났다.[4] 영어 학습에 대해서는 공사립을 막론하고 대부분 긍정적인 태도를 갖고 있었지만, 외국인이 말을 걸어오면 자신 있게 대화할 수 있다고 답한 비율은 사립이 더 높았다(5점 척도에서 사립은 3.6, 공립은 2.8). 영어에 대한 흥미, 이해도 면에서도 사립 학생들이 공립 학생들보다 더 높은 수준을 가진 것으로 조사되었다. 표본이

---

4 김혜윤, 공·사립 초등학교 학생들의 영어학습태도 비교 연구, 숙명여대 석사논문, 2016.

크지 않아서 아쉽기는 하지만, 교육에 있어서 공사립의 차이를 드러내는 연구 결과다.

사립 초등학교는 공립에 비해서 영어 수업에 열성적이다. 2012년 민주당 김춘진 의원과 시민단체 '사걱세(사교육걱정없는세상)'가 사립 초등학교 1~2학년 영어 수업을 조사해서 발표한 자료에 따르면 사립 초등학교는 대부분 연간 300~700시간의 영어몰입수업을 하고 있었다.[5] 가장 많은 매원초등학교의 경우 2학년의 경우 영어수업 시간은 518시간, 영어몰입수업 시간은 722시간이었다. 영어몰입수업이란 영어 과목은 물론 국어, 과학 등 일반 과목들도 영어로 진행하는 방식을 말한다. 물론 공립 초등에는 한 시간도 영어몰입이 없다. 돈을 많이 쓰니까 그럴 수 있는 것 아닌가 반문할 수 있겠지만, 사립초가 쓰는 비용은 공립초보다 오히려 적다.

사립과 공립 간의 영어 격차에 대해서 교육 당국이 취한 조치는 영어교육 금지였다. 2014년 선행학습 금지법으로 초등학교 1, 2학년의 방과 후 영어교육 금지의 근거를 마련했고 2018년부터 시행했다. 하지만 학부모들의 반발에 부딪혀 금지와 허용, 재금지 사이를 갈팡질팡했다. 그러는 사이 초등학생들의 영어 사교육만 더 번창해졌다.(여기에 대해서는 제3장 참조)

---

5   사립초 1학년부터 영어 수백시간...공립은 '0'시간, 한겨레신문 212.06.08. https://www.hani.co.kr/arti/society/schooling/536719.html

사립 학교들은 방과 후 선택 과정 확대, 검인정 교과서 외에 미국 교과서 사용 등 여러가지 변형된 형태로 영어 교육을 이어가고 있지만[6] '사격세' 등과 같은 시민단체의 표적이 되고 있어[7] 그나마도 쉽지 않다. 사립 초등학교에서도 영어 교육이 철저히 금지된다면 거기 다니는 아이들마저 사교육에 의존할 가능성이 높다.

사립 초등학교는 학부모와 학생들의 수요를 공교육 안에서 충족시켜주는 중요한 통로다. 그렇기 때문에 많은 부모들이 매월 100만 원이 넘는 비용을 부담하면서 공립이 아닌 사립 초등학교에 자녀를 보낸다고 봐야 할 것이다.

자사고가 뭐길래?

고등학교 중에서 사학의 활력이 제대로 작동하는 곳은 자율형 사립고, 즉 '자사고'들이다. 형식상 사립 고등학교의 숫자는 2,000개가 넘지만, 평준화와 등록금 규제로 인해서 대부분 사립의 속성을 잃었다. 엄격한 정부 규제 속에서도 사립 고등학교로서의 속성을 어느 정도는 유지하고 있는 곳이 자율형 사립 고등학교다. 정부의 재정 지원

---

[6] 사립 초등학교 A to Z, 왜 사립인가? Part 1. https://www.smlounge.co.kr/woman/article/32388

[7] 일부 사립초 1-2학년 영어 방과후 주당 최대 760분 운영, 200분 이하라는 교육청 권고는 무용지물!, 사격세 2020.05.18 보도자료, https://noworry.kr/policyarchive/?q=YToxOntzOjEyOiJrZXI3b3JkX3R5cGUiO3M6MzoiYWxsIjt9&b-mode=view&idx=3853922&t=board&category=726p36918L

을 받지 않는 대신 일반고 등록금의 3배 안에서 등록금을 받을 수 있어 어느 정도의 자율권을 인정받는다. 가장 큰 자율권은 학생 선발권이다. 일반 고등학교가 평준화의 틀 안에서 자동으로 학생이 배정되는 되는 것과 달리 자사고는 스스로 학생을 선발할 수 있다. 전국에서 학생을 선발할 수 있는 학교(전국 자사고)가 10개, 광역자치단체 단위로 선발할 수 있는 학교(광역 자사고)가 28개 있다.

 자사고 중에서도 충남 삼성고의 사례가 흥미롭다. 전교조 조합원이었으면서 부천고 교사를 지낸 한효석은 한 언론과의 인터뷰에서 이 학교를 다음과 같이 평가했다.

 "진정한 자율형 사립고였습니다. 모든 공교육이 그 지역 주민들의 철학을 담아 그 지역 사회에 맞는 자율형 학교가 되어야 합니다. 그런 면에서 충남 삼성고는 국공립, 사립을 떠나 모범적인 자율형 학교입니다. 그 학교를 방문해 보면 이것을 알 수 있습니다. 면 소재지 학교에서 수업 시간에 조는 학생이 단 한 명도 없고, 교사와 학생이 모두 행복해합니다. 학습과 평가 과정을 교사와 학생이 공유하고 즐기기 때문에 과정이 곧 결과입니다. 학생은 다양한 교과목을 선택할 수 있으며, 입맛에 맞는 계열을 전공할 수 있습니다. 교사를 신뢰하며 언제든 학습과 고민을 상담할 수 있죠. 교사는 1인당 학생 수, 주간 수업시수가 적절하여 교과 수업과 학생 상담에 집중할 수 있습니다. 교사라는 자부심이 있습니다."[8]

이 학교가 생겨난 이유는 공교육이 지역 내의 교육 수요를 충족해 주지 못했기 때문이었다. 아산시 탕정면에 삼성디스플레이 생산 단지가 들어오면서 임직원과 자녀들도 대거 이사를 왔다. 아이들이 학교를 다녀야 하는데 아산시의 고등학교 인원이 꽉 차서 새로운 아이들을 받을 수 없는 상황이었다. 삼성은 아산시에 학교 신설을 요청했지만 재정 부족을 이유로 거절을 당했다. 그 대신 삼성이 학교를 만들면 인가를 내주겠다는 대안을 제시한다. 삼성디스플레이는 이를 받아들여 100% 삼성 자본으로 학교를 설립하고, 입학생의 70%를 삼성 임직원 자녀 전형(245명), 20% 사회통합 전형(70명), 10% 충남 미래인재 전형(35명)으로 신입생을 충원하게 되었다. 이렇게 만들어진 학교가 충남 삼성고등학교다.[9]

이 학교의 신입생이 되면 합숙부터 시작한다. 66일 동안 귀가하지 않고 자기 힘만으로 생활을 꾸려가는 훈련을 받는다. 부모와 사교육에 의존해 오던 아이들의 습관을 개조해가는 교육이다. 컴퓨터게임, 핸드폰, SNS 등도 줄일 것을 요구받는다. 말하자면 자립형, 집중형 인간으로 거듭나는 과정이다. '66일 기적의 용광로'라 불리는 이 과정을 거치면 정말 사람이 달라진다고 한다. 입학 전부터 강력한 인성

---

8 [직격 인터뷰] 한효석 전 부천고 교사/전 전교조 조합원. https://www.swritingworks.com/news/articleView.html?idxno=368
9 나무위키. 충남삼성고등학교.

교육이 이뤄지고 있다. 학부모가 간절히 원하지만 일반 학교들은 할 수 없는 것이 소위 '인성교육'인데 이 학교에서는 입학 전부터 그것을 해내고 있다. 입학 후에도 학생들은 매일 아침 6시 30분부터 '모닝스파크'라는 이름의 '체력단련+정신수련'의 시간을 가진다. 전원이 기숙사 생활을 하기 때문에 가능한 교육이고, 또 교장 이하 구성원들의 열성이 없다면 불가능한 교육들이다.

교육은 학생 중심적이며 그 핵심에 진로별 교육과정이 있다. 각자 결정한 자신의 진로에 맞는 과목을 선택해서 수업을 듣는다. 학년도 계열도 따로 없이 각자 선택한 길을 걷는다. 일반 고등학교들의 학급 단위 수업과 비교하면 그야말로 학생 중심적이다.

교육부가 2025년부터 모든 고교를 대상으로 실시하겠다고 선언한 고교 학점제를 이 학교는 8년 전부터 이미 해오고 있다. 학점제가 가능하려면 많은 학생들이 각자의 진로와 취향에 따라 선택할 수 있도록 다양한 과목들이 개설되어야 하는데, 이 학교에는 매 학기 90개나 되는 과목들이 개설된다. 많은 과목을 개설하기 힘든 일반 고등학교에서 과연 학점제가 제대로 될 수 있을지 의문이다.

2020년부터는 국제표준 고등학교 교육프로그램도 시작되어 학생들이 선택할 수 있게 되었다. 영어명은 IBDP$^{\text{International Baccalaureate Diploma Program}}$인데 전 세계 151개국 5,418개 학교에서 실시 중인 교육 프로그램이다. 충남 삼성고는 경기외고에 이어 두 번째로 IBDP 인증학교가 되었다. 국제표준 프로그램인 만큼 수업은 대부분 영어로 진행된다. 학생들에게 좋은 기회가 될 것이다. 어떤 공립 학교도 시도하지 않는 프로그램을 이 학교가 시도하고 있다.

결과에 대해 책임지는 자세도 강조된다. 학생 선택과목의 경우 학업 성취율 60% 미만이면 졸업장이 나가지 않는다. 두 번의 테스트에서도 기준에 도달하지 못하면 특별 보충과 과제를 통과해야 한다. 40% 이상이면 졸업을 시키는 정부 기준보다 훨씬 더 엄격하다. 이 학교에서는 40%에 미치지 못하는 학생은 거의 없다. 교육 효과에 대해서 엄격한 학업 성취기준을 고수하고 있기 때문이다.

어떻게 이 학교의 교육이 성공했을까? 두 가지 사실이 그것을 입증해 준다. 첫째는 교육부가 모든 일반고에 고교 학점제를 실시하기로 했다는 사실이다. 이 학교가 처음부터 교육의 기본으로 삼아 온 학생 중심 프로그램이 성공적이었음을 국가가 공인한 셈이다. 둘째는 명문대 입학률이다. 졸업생 1/3이 서울대를 비롯한 명문 대학에 진학하는 것으로 알려져 있다. 흔히 말하는 선발 효과, 즉 공부 잘하는 학생만 뽑았기 때문에 결과도 좋아지는 효과 때문이 아니다. 이 학교 학생의 70%는 탕정에 근무하는 삼성디스플레이 임직원 자녀다. 즉 공부 잘하는 학생을 모아 놓은 학교가 아니라는 말이다. 박하식 교장의 말대로 그야말로 로컬 스쿨인데, 교육을 통해서 좋은 진학률을 만들어 냈다.[10] 많은 교육개혁들이 학생 중심 교육, 인성교육, 기초학력 향상을 목표로 하는데, 이 학교는 이미 그런 것들을 대부분 하고 있다. 그러면서도 교육비는 일반고와 큰 차이가 없다. 이에 대해서는 이 장의 뒷 부분에서 다뤄진다.

코로나 사태는 자사고들이 일반고보다 학생 중심적임을 드러내 주었다. 종로학원이 학부모 1,026명을 대상으로 조사한 결과[11] 일반 학교는 64.5%가 EBS 영상을 일방적으로 틀어주는 데 그쳤다. 쌍방향 교육은 5.8%에 불과했다. 반면 자사고, 영재고 등 사립 성격이 강한 학교들은 4배나 더 많은 22.7%가 쌍방향 교육을 시행했다. 일방적으로 EBS 영상을 틀어준 경우는 36.4%에 불과했다. 자사고 등이 학생과의 소통을 위해 더 적극적임을 보여주는 조사 결과다.

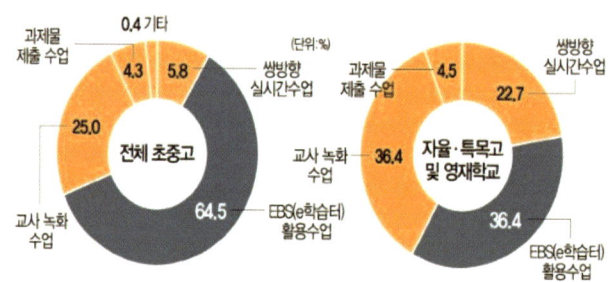

* 종로학원, 하늘교육, 초중고 학부모 1,026명 조사
자료: https://www.sedaily.com/NewsVIew/1Z1N01DVQP

---

10 http://www.dhnews.co.kr/news/articleView.html?idxno=91641
11 https://www.sedaily.com/NewsVIew/1Z1N01DVQP

사립유치원은 억울하다[12]

공립보다 사립이 더 나은 사정은 유치원 교육에서도 마찬가지다. 이 나이 또래의 아이를 가진 학부모 입장에서 가장 필요한 것은 많은 교육시간과 통학버스 제공, 그리고 아이 맞춤형 교육이다. 특히 맞벌이 부부들은 아이들이 유치원에서 오래 머물길 바란다. 통학버스도 필요하고 영어, 발레 같은 특성화 프로그램도 많이 하길 바란다. 그렇지 않으면 유치원 끝나고도 다시 학원엘 보내야 하기 때문이다. 그럴 필요가 없도록 유치원이 잘 돌봐주길 원한다. 사립유치원은 학부모의 그 같은 요구에 적극적으로 대응해 왔다. 그래서 사립유치원의 모습은 굳이 그럴 필요가 없는 공립과 상당히 다르다.

운영 시간부터 그렇다. 공립의 정규 수업은 오전 9시~오후 1시, 아이들의 상당수가 이때 하원한다. 일부가 남아 방과 후 과정을 하는데 오후 1시~4시 30분이다. 사립유치원은 거의 11시간 문을 열어 놓고 있다. 정규 수업 오전 8시~오후 2시, 방과 후 과정 오후 2시~4시 30분, 돌봄 과정 오후 4시 30분~7시이다. 전북 익산의 J프랜드유치원 같은 곳은 오전 7시 30분부터 오후 7시까지 거의 12시간 운영한다. 공식 운영시간이 끝나더라도 학부모가 급한 사정으로 부탁하면 대개 원장이 늦게까지 남아서 아이를 봐주는 경우가 많다. 방학도 차이

---
12 이 섹션은 필자의 저서, 김정호, 맘이 선택케 하라, 비비트리북스, 2021의 pp. 38~44를 간추려 옮긴 내용이다.

가 난다. 공립유치원이 3개월의 방학 동안 문을 닫는 데 반해, 사립유치원의 방학은 1~3주 정도에 불과하다. 공립유치원에 비해 큰 장점이다. 학부모들의 사정을 고려하기 때문이다.

 선택의 폭, 프로그램의 다양성에서도 사립은 압도적이다. 숲유치원, 프로젝트 교육, 인성 중심 교육, 몬테소리, 발도르프, 레지오에밀리아 등 사립의 교육 과정은 유치원마다 다르다. 발표회도 많고. 영어, 발레, 미술, 음악 등 특기 적성교육도 다양하다.[13] 공립에서는 기대하기 힘든 속성이다. 여름 캠프 같은 활동은 두드러진 차이다. 사립유치원 중에는 1박2일 여름 야외 캠프를 하는 곳들이 있다. 공립유치원은 그런 것을 하지 않는다. 귀찮기도 하려니와 사고가 날 위험성도 있기 때문이다. 하지만 사립유치원은 아이들이 즐거워하고 부모가 좋아하니 위험을 감수해가면서도 한다. 그 프로그램들이 너무나 다양해서 선택에 머리가 아프긴 하지만 그 덕분에 내 아이의 재능과 적성, 취향에 맞는 교육을 선택할 수 있다.

 겉으로 드러난 차이는 그렇다 치고 유치원의 속 사정은 공립이 더 나은 것 아닐까 하는 생각을 가질 수 있다. 사립유치원에 근무하다가 공립으로 옮긴 서효원 교사는 이화여대 석사학위 논문에서 그 차이

13 　김은영·조혜주·김경미, 유치원 특별활동 운영 실태 보고, 육아정책연구소, 2019

들을 상세히 드러내 주었다.[14] 학부모를 대하는 태도부터 다르다고 했다.

"사립에서 와서 그래? 왜 이렇게 친절해? 사립에서는 … 그런지 모르겠지만 여기서는 그렇게 하면 안 돼." 첫해에는 이런 말들을 많이 들었어요… "잘 하려고 하지 말라" 라는 말도 충격적이었어요.

한 블로거의 글에 따르면 사립유치원은 부모에게 거의 매일 아이의 상황을 알려주고, 아이가 조금 아프거나 다치면 바로바로 전화해 준다고 한다.[15] 교사들이 수업을 발전시키려는 의욕에도 차이가 발견되었다.

"사립에서는… 선배 교사와 동료 교사들을 통해 배우는 점이 많았어요. 우리 반이 현장학습을 가거나 불가피한 사정으로 공개수업에 들어가지 못했더라도 나중에… 모여서 수업 촬영본을 보고… 의견을 나눌 수 있어서… 아이디어도 많이 얻고, 수업 기술도 배울 수 있었어요…. 그런데 공립에서는… 다들 부담스러워해서… 다른 선생님 수업을 본 적이 없어요."

---

14 서효원, 사립유치원 경력이 있는 공립유치원 교사의 교직 경험에 대한 내러티브 탐구, 이화여자대학교 석사논문, 2018.

15 https://post.naver.com/viewer/postView.nhn?volumeNo=12072878&memberNo=40483719

그러다 보니 수업의 질도 공립이 사립보다 더 못하다고 했다.

"난 공립유치원이 교육의 질이 더 낮다고(못하다고) 생각해요…. 공립에서는 만약 유아 흥미 위주로 교육하는 교사가 있다면 '교실에서 뭐 하는지 잘 모르겠다'는 말을 들을 것 같아요. 난 유아의 흥미에 따른 교육을 하고 싶은데 여기서는 불가능해요."

사립유치원에서 교사들의 활동은 상당히 역동적이라고 했다. 서로 배우며 발전하는 것을 원장이 장려한다고 했다. 반면 공립은 교사들이 지금껏 해 오던 대로 하려는 성향이 강하다. 누군가 새로운 것을 시도하면 싫어하는 분위기도 강하다. 공무원 사회의 일반적인 분위기가 국공립 유치원에도 그대로 나타나고 있음을 이 교사의 관찰에서 잘 드러난다.

일반인의 눈에 비친 사립유치원, 사립 초등학교, 자사고의 치명적인 약점은 교육비 부담이다. 공립은 학부모 부담이 거의 없지만 사립에 보내는 비용은 만만치 않다. 하지만 그 비용도 한 꺼풀 벗겨 내면 사립보다 공립 쪽이 오히려 더 비싸다는 사실이 드러난다. 이제 그 돈 이야기, 교육비의 현실 속으로 들어가 보자.

귀족 사립? 공립이 더 비싸다

사립 학교의 우월한 교육, 학생 중심적 교육을 많은 돈을 쓰는 데에 원인을 돌리는 사람이 많을 듯하다. 학교 알리미 자료에 따르면 2018년 현재 일반 고등학교의 연간 1인당 학부모 부담금은 280만 원인데 자사고(광역 및 전국), 외고, 국제고는 평균 790만 원에서 1,250만 원에 이른다.[16] 작게는 일반고의 3배에서 많게는 5배나 된다. 이런 숫자만 보면 사립은 돈 많이 드는 귀족학교라는 인상을 가지는 것이 당연하다.

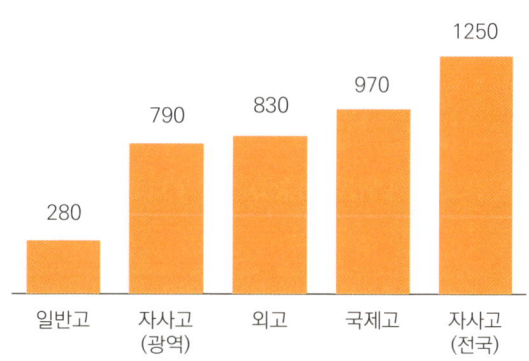

학교 유형별 1인당 학부모 부담금(2018년. 단위: 만원)

자료: 2018년도 학교 알리미. 정책위키 중 고교 서열화 해소 편

---

16 고교 서열화 해소, 정책위키. https://www.korea.kr/special/policyCurationView.do?newsId=148867566

여기서 눈을 크게 뜨고 살펴야 할 사실이 있다. 학부모 부담금과 실제 발생하는 교육비는 얼마든지 다를 수 있기 때문이다. 자사고 등 사립 학교들은 비용의 대부분을 학부모가 부담한다. 반면 공립은 대부분의 비용을 납세자가 부담하고 학부모는 극히 일부분만 부담한다. 납세자가 부담하는 비용은 눈에 띄지 않고 뒤에 숨겨져 있기 때문에 공립은 교육비가 거의 들지 않는 것처럼 느껴진다. 하지만 국가 경제의 관점에서 보면 납세자 부담이 학부모 부담보다 더 큰 문제다. 모두 공짜인 것처럼 생각해서 마구 낭비되곤 하기 때문이다.

결론부터 말하자면 실제 발생하는 교육비 총액은 사립 학교보다 공립 학교가 더 크다. 공립이 사립보다 돈을 더 쓴다는 말이다. 그러면서도 공립의 교육 내용은 사립보다 못한 것이 현실이다.

공립의 비용을 구체적으로 따져보기 전에 공립의 비용 데이터를 구하기가 쉽지 않다는 사실부터 언급해 두는 것이 좋겠다. 인터넷 검색을 해보더라도 사립 학교, 사립유치원의 비용에 대한 내용은 많이 나오지만 공립의 비용 자료는 찾기가 쉽지 않다. 교육부, 교육청들이 공립 학교의 데이터를 제대로 공개하지 않기 때문이다. 사립 학교는 적으로, 공립 학교는 동지로 인식하기 때문인 듯하다. '교비 회계 분석 보고서'라는 회계 자료에 세부 비용들이 나와 있기는 하지만 전체 비용의 30%에 대한 자료일 뿐이다. 총비용의 70% 정도를 차지하는 교원 인건비는 빠져 있다.

그런 교육부도 공립 학교의 비용을 어쩔 수 없이 공개해야 할 때가 있다. OECD가 국제비교를 위해 자료를 요청할 경우다. 교육부의 공식 자료에는 빠져 있는 한국 공립 학교 교육비 관련 통계를 OECD 자료에서 찾아봐야 한다. OECD에 공개하는 자료를 나라의 주인인 국민들에게는 공개하지 않는 것이 우리나라 교육부와 교육청의 민낯이다.

뒷 페이지 〈그림〉은 OECD 자료를 통해 확인 가능한 한국의 학교급별 공교육 비용을 보여준다. 2018년의 경우 고등학교는 16,024달러, 초등학교는 12,535달러이다. 여기서의 달러는 구매력 환산 달러라고 부르는데, 환율은 1달러에 871원이다(2017년). 원래 원화로 되어 있던 숫자를 871로 나눈 값이 달러 표시 금액이다. 그러니까 달러 표시 금액에 871을 곱해주면 원래의 원화 표시 금액을 구할 수 있다.

이렇게 산출된 공교육비 즉 공립 학교 학비는 공립 고등학교 1,396만 원, 공립 초등학교 1,092만 원이다. 같은 해 사립 초등학교의 학생 1인당 비용 지출 총액은 1,019만 원이다. 공립 초등학교는 사립보다 7.1% 더 많은 비용을 쓰고 있다.

더불어민주당 김해영 의원이 1,000만 원 이상 학비를 받는 사립 학교들이 마치 큰 죄나 저지른 것처럼 보도자료를 냈는데,[17] 정작 공립

---

17 학부모 부담금 1000만 원 이상 초·중·고 28곳, 중앙일보 2018.08.19. https://www.joongang.co.kr/article/22896383#home

초등학교의 교육비 평균은 1,092만 원이다. 공립 초등학교의 최소한 60% 정도는 학생 1인당 1,000만 원 이상을 쓰고 있을 것으로 보인다. 그런데도 사립은 비싸고 공립은 싸다는 고정관념이 생긴 것은 학부모 부담만이 느껴지기 때문이다.

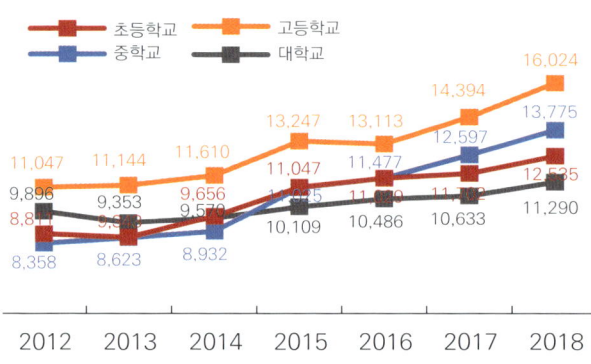

자료: e-나라 자료 index.go.kr에서 1인당 공교육비로 출력

교실붕괴로 얼룩진 공립 고등학교가 1인당 연간 약 1,400만 원을 쓴다는 건 놀랍다. 자사고 중 광역단위 자사고의 1인당 평균 비용은 937만 원이다. 공립 학교가 자사고 평균보다 무려 49%나 교육비를 더 많이 쓴다.

전국 단위 자사고 평균 1,683만 원보다는 공립 고등학교의 비용이 작은데, 이것도 기숙사 비용을 빼고 보면 이야기가 달라진다. 전국형 자사고 학생은 모두 기숙사 생활을 하며, 교육비에 숙식비 평균 491만 원이 포함되어 있다. 일반고는 대부분 기숙사가 없기 때문에 교육비 비교를 제대로 하려면 자사고 금액에서 숙식비를 빼야 한다. 숙식비를 제외한 전국 단위 자사고 1인당 비용은 1,192만 원. 공립고의 1,396만 원에 비해 14.6% 더 작다. 귀족학교라고 손가락질 당하는 자사고보다 일반고가 더 많은 교육비를 쓰는 현실을 어떻게 봐야 할까.

충남 삼성고의 경우 1인당 교육비 총액이 1,777만 원으로서[18] 광역단위 자사고 중에서는 가장 높다. 하지만 여기서도 숙식비 400만 원을 빼면(가정한 숫자, 2017년의 경우 369만 원), 순교육비는 1,377만 원. 공립 고등학교의 1,396만 원보다 약간 작다. 충남 삼성고는 공립 고등학교와 거의 같거나 비슷한 비용을 쓰면서도 그들보다 압도적으로 우월한 교육을 제공해 왔다.

공립의 고비용 현상은 유치원에서는 더욱 심하다. 필자가 한국유치원 총연합회의 자료를 기초로 추산한 바에 따르면 사립유치원의 1인당 교육비는 연간 636만 원인데, 공립유치원은 1,368만 원. 2배도 넘는다.[19]

국공립유치원과 사립유치원의 원아 1인당 비용(월별, 2016년)

구 분	공립유치원(단설)	사립유치원
운영비	1,188만 원	구분 없음
시설의 자본비용	180만 원	
총비용	1,368만 원	636만 원

---

18 http://www.veritas-a.com/news/articleView.html?idxno=121067
19 추산 근거에 대해서는 필자의 저서, 김정호, 맘이 선택케하라, 비비트리북스, 2021, pp. 47~53 참조.

숨겨진 납세자 부담

유치원부터 초등학교, 고등학교에 이르기까지 모든 단계에서 공립은 사립에 비해 더 많은 비용을 쓰고 있다. 사정이 이런데도 대다수의 사람들은 그 반대로 생각한다. 사립이 공립보다 훨씬 더 비싸다고 오해한다. 오해가 생기는 가장 큰 이유는 대다수 사람들의 눈에는 당장 주머니에서 나가는 학부모 부담금만 보이기 때문이다. 그리고 교육 공무원들이 공립 학교가 쓰고 있는 비용을 숨겨 놓은 채 밝히지 않기 때문이다. 이제 각급 학교에 있어서 교육비 총액과 부모 부담금, 그리고 납세자 부담이 어느 정도인지를 명확히 드러내 보자.

아래 〈그림〉은 각급 학교에서 학생 1인당 교육비 총액과 부모 부담금 사이의 관계를 보여준다.

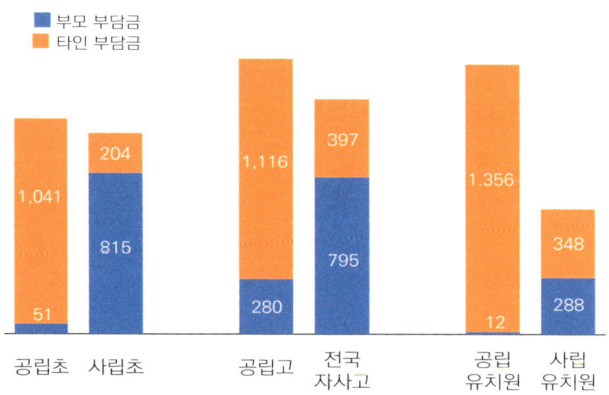

각급 학교별 1인당 교육비와 부모 부담금(2018년, 단위: 만원)

공립 초등학교의 경우 학생 연간 1인당 교육비는 1,092만 원인데 부모 부담금은 51만 원이다. 나머지 1,041만 원, 즉 95.3%는 납세자 부담이다. 사립 초등학교의 1인당 교육비 1,019만 원. 그 중 80%인 815만 원은 학부모가 부담한다. 나머지 204만 원은 납세자 부담이다(학교 재단 기여분은 미미한 수준).

공립 고등학교의 연간 1인당 교육비는 1,396만 원. 그중 280만 원을 학부모가 부담한다. 나머지 1,116만 원은 납세자 부담이다. 한편 전국 단위 자사고의 1인당 교육비(기숙사비 제외)는 1,192만 원. 그 중 부모 부담금은 795만 원이고 나머지 397만 원은 학교 재단 지원금이다. 납세자 부담금은 0이다.

공립유치원의 경우 1인당 연간교육비 1,368만 원 중 부모 부담금은 12만 원, 나머지 1,356만 원은 납세자 부담이다. 사립유치원의 1인당 교육비 636만 원 중 부모 부담은 288만 원이고, 나머지 348만 원은 납세자가 부담한다.

공립의 숨겨진 비용

공립 학교의 교육비가 사립보다 더 높다는 사실에 놀라고 의아해하는 독자들이 많을 것 같다. 그럴만도 하다. 언론에는 항상 자사고의 교육비가 천만 원이 넘으니, 사립 초등학교는 귀족 학교라는 등의 내용만 나온다. 공립 초등학교, 공립 중고등학교의 교육비에 대해서는 학부모들이 부담하는 비용만 등장한다. 공립의 예산은 대부분 정부 재정으로 충당하기 때문에 전체 비용의 극히 일부분만 학부모가 부담한다. 그 액수는 당연히 적다. 그러다 보니 보통 사람들은 공립 학교에는 거의 비용이 발생하지 않는다는 착각을 가지게 된다.

　학교의 예결산 방식도 왜곡에 큰 역할을 해왔다. 사립 학교의 예결산서에는 교육과정에서 발생하는 모든 비용이 기재된다. 교원 인건비, 학교 시설비가 모두 포함된다. 그렇게 하는 것이 당연하다. 하지만 공립 학교의 예결산서에는 가장 큰 지출 항목인 교원 인건비가 빠져 있다. 시설비도 고액인 경우 빠진다. 공립 학교의 교원 인건비는 광역자치단체가 지방 교육재정교부금으로 지출하기 때문에 자치단체의 예산에만 들어가고 학교 예산에는 반영되지 않는다. 놀랍게도 교원 인건비는 총 교육예산의 거의 60%에 달한다. 국민 세금이 제대로 쓰이는지 평가하려면 인건비를 포함한 결산 자료에 기초해야 하는데 그것이 빠진 반쪽짜리 자료만 사용한다. 비교 대상인 사립 학교는 엄청난 돈을 쓰는 귀족 학교인 것처럼 비친다.

　웬일인지 공립 학교의 교원 인건비 자료는 찾기가 매우 어려웠다. 사립 초등학교와 자율형 사립고의 교육비는 늘 공표되는데, 공립의 자료가 보이지 않는 것을 보면 일부로 감추고 있다는 의구심을 금할 수 없다. 오랫동안 자료를 찾다가 우연히 2021년에 발간된 KDI의 재정계획 연구 보고서[20]에서 공립 학교 교원 인건비 숫자를 찾을 수 있었다. 내용을 정리해 보면 아래 표와 같다.

우리나라 공립 학교 교원 인건비 현황

구분	교원 인건비 총액(조 원)	교원수(만 명)	교원1인당 인건비(만 원)
2015	27.0	39.0	6,900
2016	27.8	39.2	7,100
2017	28.3	39.0	7,300
2018	29.1	39.6	7,300
2019	30.6	39.9	7,700
2020	32.6	40.2	8,100
2021	32.7	40.6	8,100

자료: 국가 재정운용계획: 학령인구 감소에 따른 교육재정 효율화(용역 보고서), KDI, 2021.10.31

2021년의 경우 전체 교원 40.6만 명에게 지급된 인건비 총액은 32.7조 원, 1인당 8,100만 원에 달한다. 전체 교육예산 63.7조 원의 51.3%에 해당한다. 교육 예산의 절반도 넘는 금액이 학교 예결산서에는 반영되지 않으며 그런 자료만이 일반에 공개된다.

교원 인건비를 포함시킬 경우 학교 결산자료가 어떻게 변하는지 살펴보자. 학교 알리미에 공개되어 있는 개포고등학교(schoolinfo.go.kr에서 무작위 선택)의 2018년 결산서에 따르면 학생 1인당 비용은 373만 원[21]인데 여기에는 교원 인건비가 포함되어 있지 않다.

---

20 2021~2025 국가재정운용계획: 학령인구 감소에 따른 교육재정 효율화(용역보고서), KDI, 2021.10.31

21 정확히는 3,729,965원.

이 학교의 교원 숫자 74명에 2018년의 1인당 인건비 7,300만 원을 곱해서 나온 54억 200만 원이 이 학교 교원의 인건비 총액이다. 이것을 학생수 642명으로 나눈 841만 원이 학생 1인당 교원 인건비가 된다. 학생 1인당 진정한 교육비는 결산서 금액 373만 원에 인건비 841만 원을 합친 1,214만 원이 된다.

〈개포고등학교 2018년 진정한 교육비 계산 사례〉
- 결산서 상 학생 1인당 비용: 373만 원
- 학생 1인당 교원 인건비: 841만 원 (결산서에서 누락됨)
- 학생 1인당 총 교육비: 373+841 = 1,214만 원
- 교원 인건비 비중 373/1214 = 69.3% (결산서에서 누락됨)

이 학교의 교원 인건비는 전체 비용의 69.3%에 달한다. 그것을 빼놓은 채 공개해 놓은 기존의 결산서는 공립 학교의 교육비 발생 상황을 철저히 왜곡시켜 놓고 있다.

전국 단위의 회계 분석 자료에서도 이 같은 왜곡은 지속된다. 예를 들어 2020년 '공사립 교비회계분석 종합 보고서'에는 옆 페이지의 그림이 제시되어 있다. 2020년 자료인데 공립 학교의 인건비는 22.9%이고, 사립 학교는 62.2%이다. 사립의 인건비 비중이 공립의 거의 3배에 달하도록 표시되어 있다. 하지만 이것은 매우 왜곡된 묘사다. 이 그래프에 들어 있는 공립 학교 인건비는 정규직을 뺀 비정규직 근로자들의 인건비만 포함되어 있다. 가장 큰 비중을 차지하는 정규직 교원의 인건비 빠져 있다. 정규직 교원 인건비를 포함할 경우 공립 학교의 인건비 비중은 사립보다 훨씬 더 높아진다.

공립 사립 학교의 인건비 비중이 왜곡 표시된 그림

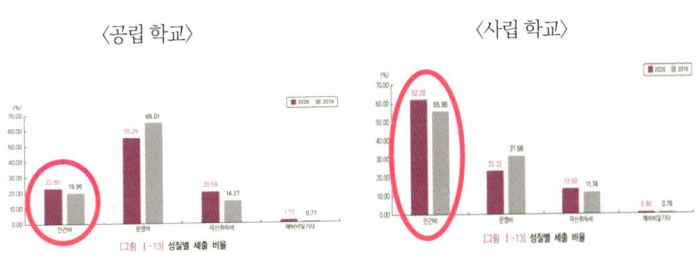

자료: 2021공립·사립 학교(교비)회계 분석 종합 보고서, 한국교육개발원, 2021. 62 및 253쪽.

공립 학교의 진정한 인건비 비중을 구해보자. 한국교육개발원이 발간한 〈공립·사립 학교(교비)회계 분석 종합보고서〉에 따르면 2020년 공립 학교의 지출총액은 16.1조 원, 그 중에서 인건비 총액은 3.7조 원이다. 다시 말하지만 이 숫자에는 정규직 교원들의 인건비가 포함되어 있지 않다. KDI 자료 상의 교원 인건비 총액은 32.6조 원. 이것을 교비회계상 지출 총액 16.1조 원과 합친 금액, 즉 48.7조 원이 2020년 공립 학교들이 지출한 진짜 금액이다. 한편 교비회계 상의 인건비 3.7조 원은 정규직 교원 인건비가 빠진 금액이다. 따라서 이 금액에 교원 인건비 32.6조 원을 합친 36.3조 원이 공립 학교의 진정한 인건비 총액이다. 공립의 진정한 인건비 비율은 36.3조 원을 지출 총액 48.7조 원으로 나눈 값, 74.5%이다. 교비회계 상의 숫자만 가지고 계산한 인건비 비율 22.9%와는 비교도 안 될 정도로 크다. 사립 학교의 교비회계에는 모든 비용이 계상되기 때문에 이와 같은 보정이 필요하지 않다.

교원 인건비를 뺀 상태에서 교비회계만을 가지고 공립 학교의 교육비를 계산하고 평가하는 것은 무의미하다. 무의미 정도가 아니라 실상을 크게 왜곡시킨다.

첫째 공립 학교가 매우 적은 비용으로 운영된다는 오해를 불러 일으킨다. 총액부터 그렇다. 교비회계 상의 총 지출은 16.1조 원인데 교원 인건비를 포함한 실제의 비용은 48.7조 원이다. 대중에게 공개되는 학교 교육비는 진정한 비용의 33%이고, 나머지 67%는 마치 쓰지 않은 것처럼 숨겨진다.

둘째, 사립 학교는 비싸고 공립 학교는 저렴하다는 착각을 유도한다. 교원 인건비 및 대규모 시설비가 숨겨진 공립 학교 비용은 2/3가 없는 것처럼 보여지는 반면, 사립 학교 회계에는 교원 인건비, 대규모 시설비가 모두 포함되어 표시된다. 그 결과 사립 학교가 공립보다 더 많은 비용을 쓴다는 오해와 착각이 발생한다.

셋째, 공립 학교의 인건비 비중을 현저하게 낮은 것처럼 왜곡한다. 일반적으로 인건비 비중이 높으면 예산 운용의 비효율성을 의심받게 된다. 그리고 74.5%라는 공립 학교의 인건비 비중은 어떤 기준으로 보더라도 지나치다는 평가를 벗어날 수 없다. 그런데 교원 인건비를 교비회계에서 제외함으로써 마치 공립 학교는 인선비를 매우 적게 지출한다는 착각을 불러일으킨다. 또는 인건비 비중조차 알 수 없게 만든다.

항목	금액	근거/산식
교비회계상 지출 총액(A)	16.1	교비회계 자료
교비회계상 인건비(비교원)(B)	3.7	교비회계 자료
교원 인건비(교비회계 불포함)(C)	32.6	KDI 자료
공립 학교 인건비 총액(D)	36.3	D=B+C
학교 교육비 총액(E)	48.7	E=A+C
공립 학교 인건비 비율(F)	74.5	F=D/E*100

공립 학교 인건비 비율 산출 절차(단위: 조원)

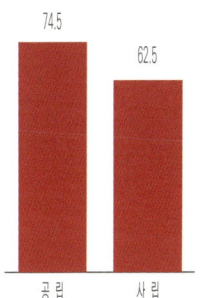

공사립 인건비 비율(%)

　교비회계에 의한 현실 왜곡 문제를 해결하려면 교원 인건비 및 대규모 시설비의 집행 방식부터 뜯어고쳐야 한다. 왜곡이 초래되는 이유는 비용이 학교에서 발생함에도 불구하고 지출을 교육청 또는 지자체에서 하고 있기 때문이다. 학교의 교비회계에 진정한 비용을 반영하려면 교원 인건비와 대규모 시설비 상당 금액을 일단 학교로 이전시켜 교비회계의 수입으로 잡는 과정이 필요하다. 그렇게 되면 당연히 지출도 교비회계에서 일어나게 된다. 이것은 단순히 회계 상의 왜곡을 시정하는 데에 그치지 않고, 효율적 집행을 유도하는 효과도 기대할 수 있다. 특히 시설비 같은 경우 현장에 있는 학교 직원이 직접 관리하는 것이 교육청에서 관리하는 것보다 높은 효율성을 기대할 수 있다.

　예산 집행 및 회계 처리 방식의 개혁이 어려울 경우에도 최소한의 정보 제공은 반드시 있어야 한다. 예를 들어 교육개발원이 매년 공개하는 〈공사립 학교 교비회계 분석 종합보고서〉의 기존 교비회계에 교원 인건비 및 대규모 시설 비용을 추가시킨 자료를 제공할 필요가 있다.

절박함이 사립을 더 낫게 만든다

지금까지의 분석은 교육의 내용, 비용 면에서 사립 학교가 공립 학교보다 더 우수함을 확인시켜 준다. 그 이유는 무엇일까? 가장 큰 이유는 절박함이다.[22] 정원만큼 학생 모집이 되지 않으면 예산 확보가 안 되고, 그러면 적자를 봐야 한다. 그렇기 때문에 사립 학교들은 학생이 스스로 찾아오고 싶어 하도록 학교를 잘 운영해야만 한다. 최소의 비용으로 최대의 성과를 내야 한다.

자립형 사립고를 생각해 보자. 이들에게 주어진 특별한 재량권이 있다면 학생 선발권 하나다. 일반고의 3배 안에서 등록금을 거두는 것이 허용되지만 사실 이것은 특전이라고 보기 어렵다. 일반고로 전환하더라도 거의 같은 액수의 지원금을 교육청에서 받을 수 있기 때문이다. 교육과정 편성 권한도 일반고와 다를 것이 없다. 충남 삼성고 등 자사고들이 운영하는 프로그램들은 마음만 먹는다면 일반 고등학교도 얼마든지 할 수 있는 것들이다. 실제로도 상당수의 일반고

---
22 박하식 교장 인터뷰. https://www.edpl.co.kr/news/articleView.html?idxno=4176

들이 자사고에서 개척해 놓은 프로그램을 벤치마킹하는 사례가 많다고 한다. 다만 자사고는 새로운 길을 개척하고 일반고들은 현실에 안주하는 것뿐이다.

 학생 모집에 대한 절박함이 자사고를 특별하게 만든다. 공립 학교나 일반 사립고는 평준화의 틀 속에 들기 때문에 학생이 자동 배정되지만 자사고는 학생을 스스로 모집해야 한다. 그런데 학생과 학부모는 학교를 고를 때 가성비를 철저히 따진다. 일반고는 거의 무료이지만 자사고는 상당한 수업료를 내야 한다. 그 돈만큼의 가치를 하지 못하면 선택하지 않는다. 실제로 많은 자사고들이 초기부터 미달 사태를 겪어 왔다.

 2015년 서울시 교육청 자료에 따르면 시내 자사고 25곳 중 10개 학교가 자사고 전환 이후 지원자 미달 사태를 경험했다. 대광고(2011~2013년도), 동성고(2011~2013년도), 숭문고(2011년도, 2013~2014년도), 장훈고(2011~2012년도, 2014년도) 등 4개 학교는 4년 중 3년 동안 정원 미달 사태를 겪었다.[23] 조희연 교육감 등이 자사고 취소 소동을 벌이기 전에도 이미 상당수의 자사고들은 위기를 겪고 있었다.

---

23   서울 자사고 10곳 중 4곳 "지원자 미달 사태 경험", 머니투데이, 2015.6.28 https://news.mt.co.kr/mtview.php?no=2015062800214077811

학생 모집에 절박한 사정은 사립 초등학교도 예외가 아니다. 2000년에 5,057명이던 신입생 숫자가 2017년에는 3,810명으로 줄었다. 25% 감소다. 그러다 보니 많은 곳들이 정원 미달 사태를 겪고 있다. 전체 39개 학교 중 2013년에는 15개로 시작해서 2016년에는 21곳에 달했다.[24]

자료: 정원 못 채우는 사립초, 동아일보 2018.01.10

사립의 입장에서 정원 미달은 적자를 뜻하며, 그런 상태가 계속되면 폐교에 이른다. 실제 지속적으로 정원 미달 사태를 겪은 은평구의 은혜초등학교는 문을 닫고 말았다. 법률상으로 교육청이 폐교를 허락하지 않아 서류 상으로는 존재하지만 학생은 없는 상태다. 저출산으로 학생 숫자 자체가 줄어든 데다가 인근 새 아파트 단지의 혁신 초등학교로 학생을 뺏긴 것도 중요한 이유라고 한다. 동아일보가 인

---
24 저출산 엎친 데 영어금지 덮쳐… 정원 못 채우는 사립초, 동아일보, 2018.01.10
https://www.donga.com/news/Society/article/all/20180110/88098174/1

근 공립 가재울초(혁신학교)의 한 교사와 인터뷰 한 내용이 은혜초등학교의 상황을 잘 말해준다.

> "2년 전 개교 당시 한 반마다 4~5명의 학생이 사립초에서 대거 전학 왔다. 학부모들이 사립대 등록금에 버금가는 돈을 내는 사립초보다는 국가가 공교육을 책임지는 혁신학교의 가성비를 더 높게 평가한 결과다."

학생과 학부모들은 치밀하게 학교를 선택한다. 대안이 되는 공립학교나 다른 사립 학교와 비교해서 가성비가 더 낫다고 판단될 때에만 사립 학교를 택한다. 선택을 못 받으면 적자를 봐야 하고, 그것이 지속되면 폐교될 수도 있다. 선택을 받자면 가성비를 높여야 한다. 등록금에 비해 높은 교육 성과를 제공해야 하고, 같은 성과라면 비용이 낮아야 한다. 학생과 학부모의 깐깐한 선택은 사립 학교로 하여금 치열하게 노력하도록 만든다. 그 절박함이 교육 내용과 비용 모두에 있어서 자율형 사립고, 사립 초등학교, 사립유치원을 공립보다 더 낫게 만들어 준다. 학생이 자동으로 배정되는 공립 학교와 예산 역시 성과와 무관한 공립 학교 교사들은 고통을 참아가며 치열하게 노력해야 할 이유가 없다.

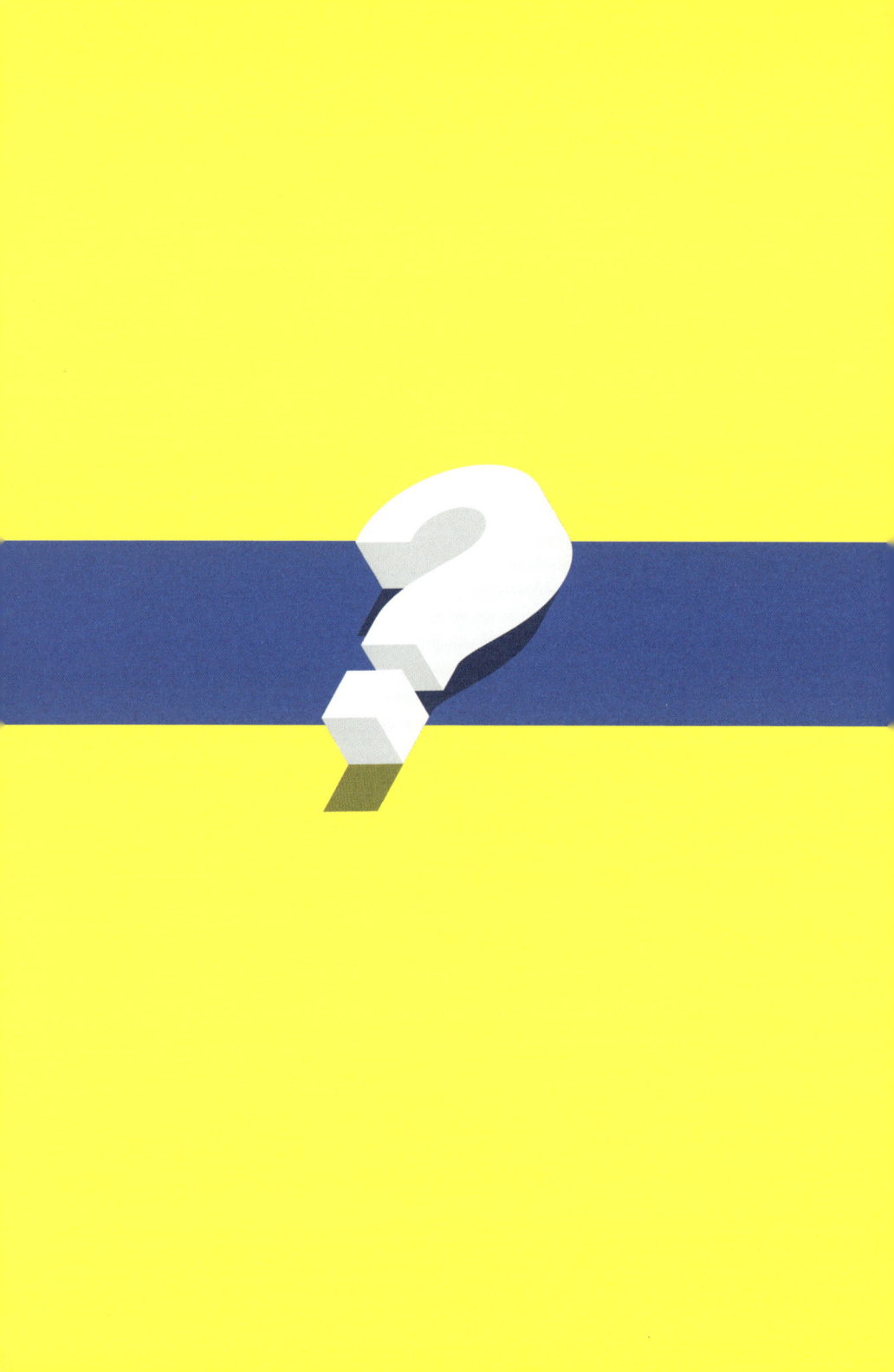

5

사립 같은 공립, 공립화된 사립

세계의 많은 나라들이 국가 주도 교육, 공무원 주도 교육의 한계를 깨닫고 오래전부터 사립 학교 및 민간의 활력을 교육에 활용해 오고 있다. 그 결과 사립 같은 공립 학교, 공립인지 사립인지 구분이 안되는 학교들이 많이 생겨났다. 이 장에서는 교육 선진국들이 사립 학교에 어떤 자유를 허용하는지, 공립 학교에 사립의 활력을 어떻게 불어넣고, 사립 학교에 공립의 장점인 무상교육을 어떻게 결합할 수 있는지 살펴보고자 한다.

영국 Long Close School의 스파이 데이 수업

 6학년 아이들은 아침에 학교로 들어서면 학년 주임 선생님 마담 제로 앞에 모인다. 국제 악당 조직인 메두사에 납치된 교장 선생님을

구하기 위해 아이들은 정보팀, 포렌식팀, 인터뷰팀, 감식팀, 암호 해독팀의 5개팀으로 구성되어 활동에 들어간다. 날이 저물 무렵, 교장 선생님은 아이들의 눈부신 활약 덕분에 가까스로 메두사를 탈출해 학교로 돌아왔고 게임은 막을 내렸다.[1] 영국 버크셔 지방 소재 사립 학교인 롱클로스 스쿨Long Close School에서 매년 벌어지는 실제 게임 장면이다.

이 학교는 정규 과목으로 '스파이 아카데미'를 운영한다. 가상의 사건을 주고 학생들의 힘으로 해결하게 함으로써 문제 해결력을 길러주는 수업이다. 그것을 위해서 1주일 내내 이 하나의 활동만으로 학교 생활이 이뤄지기도 한다. 이것이 정규 수업이다. 납치된 교장 선생님을 구출한다는 내용의 '스파이 데이' 수업도 그중의 하나다.

이런 수업이 가능한 이유는 교과목 선택의 자유 때문이다. 영국의 사립 학교들은 각자의 방식대로 교육과정을 만들 수 있다. 국가수준 교육과정을 따를 필요가 없다.[2] 스파이 데이 같은 활동도 정규 수업이 될 수 있다. 물론 그렇더라도 대학에 갈 나이가 가까워지면 국가시험 대비를 위한 공부를 하는 것이 일반적이다. 하지만 영국의 사립 학교들은 수업 내용을 학교 스스로 정할 수 있다. 국가교육표준청

---

1   Headmaster Goes Missing at Long Close School During Spy Day, Independent School Parent, 2012.06.12. https://www.independentschoolparent.com/

2   Do private schools follow the national curriculum? https://www.longcloseschool.co.uk/blog/do-private-schools-follow-the-national-curriculum/

[3]Ofsted의 감사를 받아야 하지만 그 내용이 상당한 수준을 유지하면 될 뿐, 국가가 정한 교육과정을 따를 필요는 없다. 공립이든 사립이든 학교라면 모두 국가수준 교육과정을 따라야 하는 한국 상황과는 매우 큰 차이이다.

더욱 놀라운 것은 국가 교육과정을 따르지 않아도 되는 자유가 사립 학교에만 국한되지 않다는 점이다. 공립 학교들 중에서도 상당수가 교육 내용 결정의 자유를 허용받는다. 2000년대 초반부터 급성장한 아카데미 스쿨 이야기다.

프랜차이즈 학교? 영국 아카데미 스쿨 이야기

영국 런던 근교에 소재한 애탐 아카데미 Atam Academy. 국가교육표준청으로부터 우수 인증을 받은 학교다. 이 학교에는 '드라마'라는 과목이 있다. 영화나 TV 프로그램, 뮤지컬 등을 보면서 연기, 촬영, 각본 등의 공부를 한다. 이론은 물론 실습도 포함한다. 예를 들어 7학년에서는 〈이상한 나라의 앨리스〉, 8학년에서는 〈타이타닉〉 영화를 보면서 공부를 한다.[4] 이 학교에만 있는 교육과정이다. 이것이 가

---

3 Office for Standards in Education, Children's Services and Skills. https://www.gov.uk/government/organisations/ofsted
4 https://www.khalsaacademiestrust.com/5406/drama

능한 이유는 국가수준 교육과정을 따르지 않아도 되기 때문이다. 놀랍게도 이 학교는 국립이다. 모든 학생은 무료로 학교를 다니며 비용은 중앙정부가 부담한다. 그러면서도 교육 내용을 학교 재량으로 정할 수 있다. 교사의 급여까지도 학교와 교사 간의 자유계약 사항이다. 즉 국가가 비용을 부담하긴 하지만, 그 돈을 어떻게 쓸지에 대해선 광범위한 자유가 허용된다.

뒷 페이지의 표는 갖가지 종류의 영국 학교들을 보여준다. 사립 학교, 아카데미 스쿨을 포함해서 7가지 종류가 있다. 이 중에서 우리나라의 공립 학교에 해당하는 곳이 '커뮤니티 스쿨community school'이다. 이 학교들의 운영 주체는 지자체이며 학비는 무료이다. 이곳의 수업은 국가수준 교육과정으로 이뤄진다. 표에 있는 4종류 학교들이 모두 비슷한 속성을 가진다.

우리가 주목해야 할 학교는 아카데미 스쿨이다. 학비는 무료이며 예산은 중앙정부가 부담한다. 그런데 역설적이게도 교육 내용은 국가 교육과정을 따르지 않아도 된다. 재정적으로는 공립 또는 국립학교이지만 교육 내용 면에서는 사립과 다를 바 없다.

영국 학교 종류별 비용 부담 주체 및 국가교육과정 준수 의무

비용/의무 구분	비용 부담 주체			국가교육과정 준수 의무
	중앙정부	지방정부	학부모	
사립 학교			O	X
아카데미 스쿨	O			X
시립테크노 칼리지	O			X
자조 학교		O		O
재단형 학교		O		O
자기통제형 학교		O		O
공립 학교		O		O

자료: Eyles, Andrew, Machin, Stephen, The Introduction of Academy Schools to England's Education, Journal of the European Economic Association, Volume 17, Issue 4, August 2019, Pages 1107-1146

심지어 이 학교는 프랜차이즈 방식으로 운영된다. 애탐 스쿨을 운영하는 주체는 칼사 아카데미 트러스트 KHALSA Academy Trust이며 애탐 아카데미 외에 칼사 아카데미 울버햄튼 KHALSA Academy Wolver-Hampton도 운영하고 있다. '아카데미 트러스트'란 아카데미를 경영하기 위해 설립된 비영리 기업이다. 칼사 아카데미 트러스트는 2개의 학교만 운영하지만, 20개가 넘는 학교를 운영하는 트러스트도 많다. 기업이 학교를 경영하다니! 한국인으로서는 상상하기 힘들지만 영국에서는 정부가 적극적으로 장려하고 있다. 왜 그들은 '학교의 프랜차이즈화'를 시도했을까? 보기에 따라서는 '학교의 기업화'일 수도 있는 정책을 왜 장려하고 있을까? 영국 교육부는 블로그에서 그 이유를 다음과 같이 밝히고 있다.

왜 정부는 학교들이 강력한 트러스트에 참가하라고 권유하는가?[5] 프랜차이즈에의 참가는 긍정적 결과를 가져올 가능성이 높습니다. 더 많은 학교들이 참가할수록 본부의 경영자가 훌륭한 교사를 양성하기 쉬워집니다. 또한 (행정업무의 본부 이관 등을 통해) 일선 학교들은 수업과 학습, 교육과정 개발에 노력을 집중할 수 있습니다. 매년 수백 개의 공립 학교들이 아카데미로의 전환을 통해서 교육의 자유를 누리고 있습니다. 각 학교마다 자신에게 맞는 방식으로 교육을 꾸려 가고 있습니다. 코로나 팬데믹을 벗어나 교육을 정상화해 가야 하는 이 즈음, 프랜차이즈 방식 아카데미는 매우 훌륭한 대안입니다. 그것을 통해 학교들은 이미 효과가 입증된 교과과정, 입증된 교육방식에(본부의 행정 지원을 덕분으로) 온전히 집중할 수 있습니다.

우리 한국인들이 알아듣기 쉽게 요약하자면 이렇다.

'프랜차이즈 방식에서는 각 학교들이 부담하던 행정 업무를 프랜차이즈 본부가 담당하기 때문에 개별 가맹 학교의 교사들은 교육에만 온전히 집중할 수 있다. 좋은 콘텐츠, 효율적 교육 방법 개발에 성공한 곳이 가맹 학교를 늘려간다면 결과적으로 더 많은 학생들이 그 혜택을 누릴 수 있다.'

---

5   https://educationhub.blog.gov.uk/2021/10/14/what-is-an-academy-and-what-are-the-benefits/

2021년 현재 아카데미 스쿨의 숫자는 9,444개로서 지자체 소속의 공립 학교 12,603의 75%에 해당한다. 학생 수를 기준으로 하면 아카데미가 459만 명, 공립 학교가 375만 명으로 아카데미를 다니는 학생 수가 전통적인 공립 학교보다 22%나 더 많다.[6]

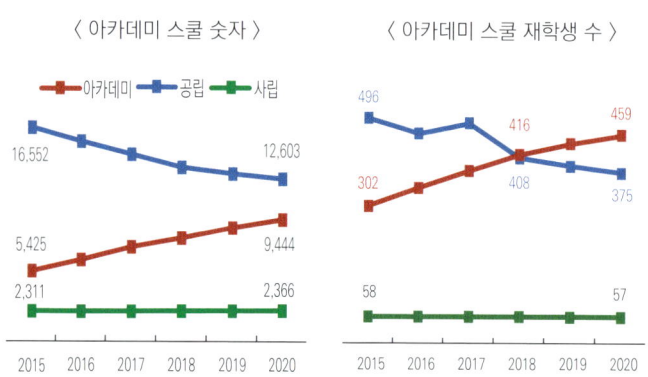

영국의 사립형 공립 학교인 아카데미 스쿨 증가 상황

자료: 영국 정부 교육통계 사이트. https://explore-education-statistics.service.gov.uk/find-statistics/school-pupils-and-their-characteristics

한국의 교육자들이라면 도저히 받아들일 수 없는 기업형 학교를 영국 교육부가 장려하고 있는 배경에는 기존 공립 학교의 실패가 놓여 있다. 특히 저소득층 지역의 공립 학교들에서 벌어진 교실붕괴 현상은 심각한 지경이었다. 수십 년간 교육개혁을 부르짖고 돈을 퍼부었는데도 해결되기는커녕 오히려 문제가 더욱 악화되었다. 그래서

---

6 https://explore-education-statistics.service.gov.uk/find-statistics/school-pupils-and-their-characteristics

대안으로 사립의 특성을 과감히 받아들이는 선택을 했고 그것이 아카데미 스쿨이다. 시작은 2000년대 초에 노동당 정부가 했고, 그 후에 집권한 보수당 정부가 더욱 적극적으로 추진해 왔다. 아카데미로 전환하는 학교들이 급격히 증가했고, 그들을 선택한 학생들은 더 빨리 늘어났다. 20년 남짓의 시간이 흐른 지금, 전체 학생의 55%인 459만 명이 공립을 떠나 아카데미 스쿨을 택했다는 것은 사립 방식의 자율적 교육이 성공적이었음을 말해 준다.

교육 재원은 공립 방식, 운영은 사립 방식으로 하는 사립형 공립 학교는 영국뿐 아니라 미국, 네덜란드, 스웨덴 등 많은 나라에서도 확고하게 자리를 잡았다. 이번에는 미국의 사정을 알아보자.

시동을 건 미국 메타버스 공립 학교

옵티마 고전 아카데미 Optima Classical Academy (이하 옵티마)는 메타버스 세계 속에서의 교육을 지향하는 미국 신설 학교다. 2022년 8월 개교를 목표로 신입생을 모집 중이다.[7] 수학, 과학 등 일반 학교와 동일한 과목도 가르치지만 중점은 소크라테스, 플라톤 같은 고전 강독이다. 고전에 중점을 두어 교육하되, 메타버스로 개별 학생 맞춤형 교육을 제공한다는 점에서 매우 혁신적이다.

---

7 Optima Classical Academy 옵티마 고전아카데미 홈페이지. https://www.optimaclassical.org/vr-tour

이 학교도 영국의 아카데미 스쿨처럼 사립과 공립의 모습을 동시에 가진다. 교육비를 미국 정부가 학생 숫자에 따라 지급해 준다는 점에서 공립 학교이지만, 교육 내용을 자유로이 결정할 수 있다는 점에서는 사립이다.

〈Optima Classical Academy〉홈페이지에 시연되고 있는 우주 수업 장면

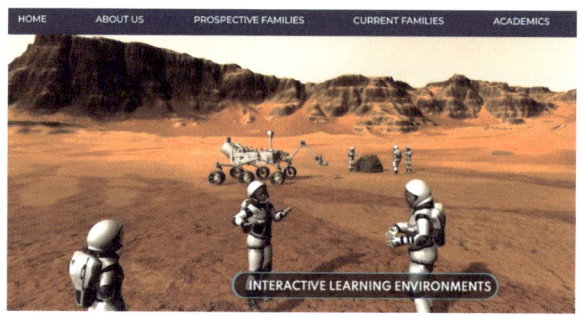

자료: Optima Classical Academy 옵티마 고전아카데미 홈페이지
https://www.optimaclassical.org/vr-tour

이처럼 교육비는 정부 지원을 받지만 교육의 자유를 누리는 옵티마 같은 학교를 미국에서는 차터 스쿨 Charter School 이라 부른다. 개별적인 차터(헌장, 교육방침)에 기초해서 설립된 학교인데, 차터란 해당 학교를 어떤 목표를 가지고 어떻게 운영하겠다고 명시해 놓은 선언문 또는 계약서 같은 것이라고 이해하면 되겠다. 차터를 정부에 제출해서 승인을 받으면 학교가 설립된다. 학교의 비용은 정부가 학생 숫자에 따라 지급해 준다. 즉 재정적으로 공립 학교이지만, 운영은 개별적 차터에 따라 사립인 것처럼 설립되고 운영된다.

옵티마 고전 아카데미도 그런 과정을 거쳐 탄생한 신설 차터 스쿨이다. 메타버스의 교육적 가능성에 착안해서 만들어졌다. 신설학교이기 때문에 앞날이 어떻게 될지는 알 수 없다. 미국 전역에 8천 개 가까운 차터스쿨이 있는데, 매년 많은 학교가 문을 열고 또 문을 닫는다. 2018~19년도의 경우 7,534개 차터 스쿨 중에 289개 학교가 문을 닫았고, 457개 학교가 새로이 문을 열었다. 재학생 수는 332만 명으로 전년도보다 4.7% 증가했다. 2000년대 후반에는 매년 10% 이상의 비율로 증가했는데 최근 들어 증가율이 떨어지는 편이다.[8] 그렇더라도 매년 5% 수준으로 재학생이 증가한다는 것은 학생 부모들 사이에서 상당히 인기가 있음을 뜻한다.

차터 스쿨 폐쇄 및 신설 현황

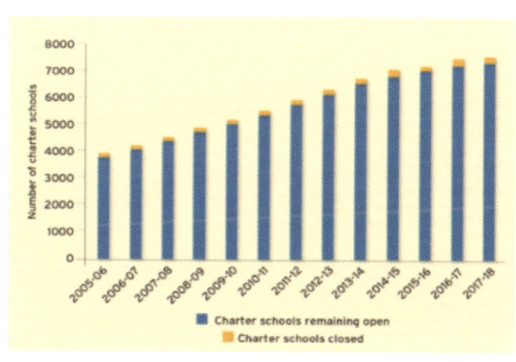

자료: https://www.educationnext.org/charter-schools-show-steeper-upward-trend-student-achievement-first-nationwide-study/

---

8   https://data.publiccharters.org/digest/charter-school-data-digest/how-many-charter-schools-and-students-are-there/

한 딸아이 엄마의 차터 스쿨 체험기

차터 스쿨의 인기가 어디에서 기인하는지를 차터 스쿨에 딸을 보낸 한 엄마의 이야기에서 유추해 볼 수 있다. 애나 곤잘레스$^{Ana\ Gonzalez}$, 텍사스의 엘파소에 살면서 세 명의 딸을 기르고 있는 엄마다.[9] 막내는 일반 초등학교, 둘째 아이는 엘파소 리더십 아카데미, 큰 아이는 마그넷 스쿨에 다닌다. 마그넷 스쿨은 우리 식으로 말하면 일류 학교여서 입학 경쟁률이 높은데 큰 딸이 그곳에 합격해 뿌듯했다.

둘째 아이는 공부가 뛰어나지 않았기에 큰 기대 없이 차터 스쿨에 보냈는데 뜻밖의 결과를 얻었다. 가장 놀라운 것은 성격의 변화였다. 둘째 아이는 성격이 매우 소심하고 내성적이어서 사람들 앞에서 제대로 말을 하지 못해 늘 걱정이었다. 그런데 이 학교를 다니면서 성격이 밝아지고, 많은 청중 앞에서도 스스럼없이 스피치를 할 수 있게 되었다. 학교가 딸 아이의 약점을 보완하기 위한 맞춤형 훈련을 제공해 준 덕분이다. 일반 공립 학교 같으면 상상하기 어려운 교육을 제공해 준 것이다. 현장에서 하는 프로젝트 수업도 마그넷 스쿨 수준으로 제공해 줬다. 진로 결정을 위한 대학 체험 프로젝트도 인상적이었다. 고교 졸업반인 큰 아이는 학교에서 대학의 팸플릿을 들고 왔을 뿐인데, 둘째 아이는 학교의 주선으로 인근의 대학들을 직접 방문해

---

9   Gonzalez: A mother's experience with charter schools, https://www.elpasotimes.com/story/opinion/2016/05/21/gonzalez-mothers-experience-charter-schools/84683906/

서 체험을 하게 했다. 진로 지도를 훨씬 잘한다는 생각이 들었다. 지금까지의 이야기는 애나 곤잘레스가 지역 신문인 엘파소 타임스에 기고한 칼럼 내용인데, 미국의 차터 스쿨이 어떤 것인지를 제법 잘 느끼게 해준다.

곤잘레스가 만족해하는 성과는 차터 스쿨의 자율성과 학생 중심적 운영 방식 때문에 가능했다. 이미 설명했듯이 법률적으로 차터 스쿨은 공립 학교이지만, 운영은 사립처럼 전적으로 학교에 맡겨져 있다. 한국의 현실에 대입하자면 대안학교에 정부가 예산을 지급해 주고 학력도 인정해 주는 격이다.

차터 스쿨은 1992년 미국 메니소타주에서 처음 시작되었다. 그 후 정치권의 관심과 더불어 학부모들의 수요가 확대되면서 여러 주로 퍼져 나갔다. 2021년 현재 43개 주에서 운영 중이다. 2017년의 경우 전체 공립 학교 재학생 중 차터 스쿨 학생의 비율은 6%인데, 2005년의 2%에 비해서 3배 늘어난 수치이다. 특히 대도시에서 많이 생겨났는데 워싱턴 DC는 37%, LA는 15%에 달한다.[10] 전통적으로 학구열이 낮은 것으로 알려진 흑인과 중남미계 이민자 거주 지역이다.

---

10 Shakeel, M.D., and Peterson, P.E. (2021). Charter Schools Show Steeper Upward Trend in Student Achievement than District Schools: First nationwide study of trends shows large gains for African Americans at charters. Education Next, 21(1), 40-47. https://www.educationnext.org/charter-schools-show-steeper-upward-trend-student-achievement-first-nationwide-study/

차터 스쿨이 증가해 온 이유는 교육의 성과가 좋기 때문이다. 초기에는 기존 공립 학교 비해 성적이 매우 안 좋았다. 기존 학교에 적응하지 못하는 아이들을 주로 수용했기 때문이다. 다음 페이지의 그림은 미국 교육부의 국가교육성취평가 결과를 보여준다. 8학년을 대상으로 2005년과 2017년, 수학과 읽기 분야의 평가를 했는데 2005년에는 두 영역 모두에서 차터 스쿨 학생들이 낮은 점수를 기록했다.

그러나 2017년은 상황이 완전히 달라졌다. 수학의 경우 차터 스쿨과 기존 공립 학교가 같은 점수이고, 읽기 영역에서는 오히려 차터 스쿨의 성적이 더 높아졌다. 차터 스쿨의 교육 성과가 눈에 띄게 좋아진 것이다.

미국 교육부의 국가교육성취평가 결과

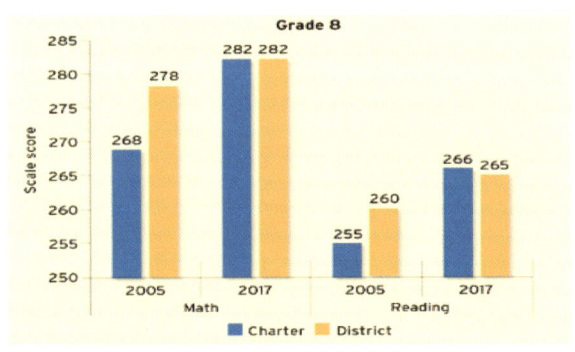

자료: https://www.educationnext.org/charter-schools-show-steeper-upward-trend-student-achievement-first-nationwide-study/

시카고대교구 교육감을 지냈고 전국 차터 스쿨 심사위원장을 지낸 그레그 리치몬드 씨. 그는 차터 스쿨의 성공 원인을 학부모의 선택, 유연성, 책임성 3가지로 요약한다.[11]

선택: 차터 스쿨이 일종의 공립 학교이긴 하지만 기존 공립 학교와 달리 학생 수에 따라 예산이 배정된다. 500명 정원의 학교에 490명만 등록할 경우 정규직 교원 1명의 연봉이 날아가는 셈이다. 따라서 차터 스쿨은 학부모와 학생의 선택을 받기 위해 노력할 수밖에 없다. 학생의 학력을 높여주는 것이 가장 강력한 경쟁 수단이다.

유연성: 기존 공립 학교들과 달리 차터 스쿨은 학교 운영에 있어 유연성이 높다. 가장 눈에 띄는 두 가지는 수업 일수와 교사의 특성이다. 차터 스쿨은 수업 시간이 길고 수업 일수도 더 많다. 교사들도 더 우수한 사람을 쓴다. 특히 학생들에게 도움만 된다면 교사자격증 소유 여부도 개의치 않는다. 자격증 보유자가 30%에 불과한 학교도 있다. 학교에 도움이 안 되면 해고되는 경우도 자주 있다. 이러다 보니 교사가 교육에 열성을 보일 수밖에 없다.

---

11 Choice, Flexibility, Accountability Drive School Improvement, https://www.educationnext.org/choice-flexibility-accountability-drive-school-improvement-what-explains-charter-success/

책임성: 책임성이란 교육을 잘하지 못한 것에 책임지는 속성을 말한다. 가장 확실한 책임은 학교 폐쇄다. 기존 공립 학교는 교육을 못한다고 폐쇄되는 경우는 거의 없다. 그러나 차터 스쿨은 지속적으로 폐쇄와 신설이 일어난다. 전미 차터 스쿨 연합회에 따르면 2005~2017년 사이에 매년 3.1~3.7%가 문을 닫았다. 실력 없는 학교가 폐교되는 대가로 차터 스쿨의 성과는 더 높아지고, 더 많은 곳이 새로이 문을 연다. 그런 과정을 거치면서 학생들은 더 좋은 교육을 받게 된다.

'무상교육+교육 자유'를 누리는 네덜란드 사립 학교들

교육부가 발행하는 잡지 《행복한 교육》에서 '공립 학교 신뢰도가 높은 네덜란드'라는 글을 만났다. 네덜란드 교육의 특징을 말해주는 듯해서 해당 문장을 소개한다.

네덜란드의 교육이 우리와 차이를 보이는 부분은… 우선 중학교 과정이 없고 학생들은 초등학교 졸업 후 여러 종류의 특수 목적 학교를 택하게 되어있다… 공립교육 과정에는 일반 공립 학교 이외에 종교 목적 학교, 특수 목적 학교가 있다. 이 과정은 모두 정부의 지원으로 운영되는 의무교육 과정이다. <u>특이한 점은 미국 교육에 비해 사립 학교의 수가 극도로 적다는 것이다</u>. 네덜란드 왕족도 모두 공립 학교를 다닐 만큼 공교육에 대한 신뢰도가 높은 점은 네덜란드 공교육의 특징이라고 볼 수 있다…. 또다른 이유는 <u>공립 학교와 사립 학교의 교육 과정과 정책이 정부의 관리와 통제를 받는다는 점이다</u>. 그리고 어느 학교든지 정부의 그러한 기준에 미달하면 폐교가 될 위기에 처한다. 그만큼 다양성과 체계성이 네덜란드의 공교육을 강하게 만들고 학생과 부모들은 이를 믿고 공교육 과정을 이수하는 것이다. (강석, 공립 학교 신뢰도가 높은 네덜란드, 행복한 교육 2014년 05월 호).[12]

저자 강석 교수는 네덜란드 교육에 대한 학부모 신뢰도가 높은 이유를 공립 학교 비중이 크고, 그들에 대한 정부의 관리와 통제 때문이라 진단했다. 학부모의 신뢰가 높은 것은 사실인 듯하지만 공립 학교 비중이 높다는 말은 틀렸다.

아래 표에 나타나 있듯이 미국 초등교육의 공립 비율은 77%인데, 네덜란드는 31.8%로 초등의 공립 비율이 미국의 1/2도 안 된다. 중등교육(중고등학교)에서도 미국의 공립 비율은 84.7%로 압도적인데, 네덜란드는 28.8%로 미국의 1/3에 불과하다. 네덜란드의 중등교육에서 사립의 비중은 71.2%로 15.3%인 미국을 압도한다. 네덜란드는 초중등 학교 모두에서 사립이 70%를 차지한다. 네덜란드 교육에 대한 학부모의 신뢰는 공립 학교보다는 사립 학교에 대한 신뢰를 뜻

---

[12] 강석(University of Texas San Antonio 교수), 공립 학교 신뢰도가 높은 네덜란드, 행복한 교육 2014년 05월 호. https://happyedu.moe.go.kr/happy/bbs/selectHappyArticle.do?bbsId=BBSMSTR_000000000216&nttId=2816

한다고 봐야 한다. 사립이 다수를 차지함에도 불구하고 강석 교수는 네덜란드 학교들을 대부분 공립으로 인식했다. 틀리긴 했지만 그럴 만한 이유가 충분하다.

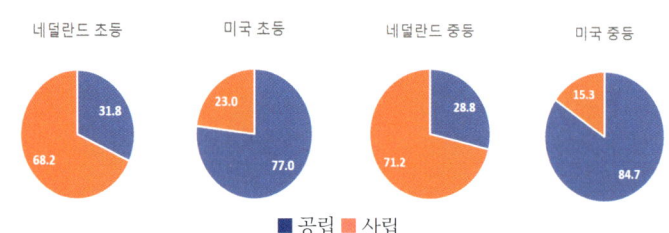

네덜란드와 미국 초중등학교의 공사립 비율

네덜란드 자료: https://eacea.ec.europa.eu/national-policies/eurydice/content/statistics-organisation-and-governance-53_en
미국 자료: https://nces.ed.gov/programs/digest/d20/tables/dt20_105.50.asp

네덜란드 학교는 공립이든 사립이든 모두 무상교육이기 때문이다. 사립 학교라 해도 정부가 모든 비용을 지원해 준다(대략 중앙정부 90%, 지방정부 10% 부담). 국제학교들 중에 학부모가 학비를 부담하는 경우가 있지만 극히 일부에 불과하다. 따라서 어느 학교를 가더라도 모두 무료인 만큼 모든 학교를 공립으로 인식할 만하다.

모든 학교의 비용을 정부가 지원하면서도 교육의 자유는 철저히 보장한다. 네덜란드는 교육 자유의 나라다. 누구나 학교를 세울 수 있고 그 돈은 정부가 댄다. 종교교육, 이념교육, 직접 교육 등 어떤 목적으로든 학교를 세울 수 있고 설립비도 국가와 지자체가 부담한다. 정부가 기준에 따라 지급해 준 예산은 각 학교의 재량으로 집행한다.[13] 감독관청의 승인을 받아야 하지만 국가수준의 교육 과정을 시행하지 않아도 된다. 교육 방법의 선택도 물론 자유롭다. 초등교육 수준에서도 몬테소리, 발도르프 등 다양한 교육방식을 채택할 수 있다. 아무렇게나 해도 된다는 말은 아니다. 학교는 스스로 공개하고 승인받은 교육 목표를 충실히 이행할 의무를 진다.

사립이 누리는 교육의 자유는 공립도 거의 동일하게 누린다. 심지어 중등학교의 경우 공립도 학교의 재량으로 교사를 채용하고 해고할 수 있다. 급여도 당사자 사이의 계약 사항이다.[14] 그렇게 본다면 이 나라에서는 공립과 사립의 차이가 거의 없다. 네덜란드의 학교들은 공립이든 사립이든 모두 무상이면서, 모두 사립처럼 자치권을 보장받는다. 학생들은 그중에서 자기가 원하는 곳을 선택한다.

---

13 https://eacea.ec.europa.eu/national-policies/eurydice/content/early-child-hood-and-school-education-funding-53_en
14 Netherlands : School Autonomy and Accountability SABER Country Report 2012 https://openknowledge.worldbank.org/handle/10986/17670

누구나 무료인 스웨덴의 사립 학교

로비에 들어서면 이 학교의 심장 '아레나'가 나타난다. 통창으로 들어오는 햇빛을 받으며 학생 서너 명이 테이블에 둘러앉아 토론을 벌이고 있다. 그 옆 작은 부스에서는 한 학생이 컴퓨터로 작업에 열중이다. 스웨덴 학교 쿤스캅스콜란^{Kunskapsskolan}에서 일상적으로 볼 수 있는 장면이다. 영어로는 Knowledge School, 즉 지식 학교다.[15]

스웨덴의 무료 사립학교 쿤스캅스콜란의 실내 중심 광장 '아레나'

자료: https://www.kunskapsskolan.com/thekedprogram/roomforlearning.4.4148b03a157bac556552fbd4.html

이 학교의 교육은 학생 맞춤형이다. 신입생이 들어오면 전담 코치가 배정된다. 학생과 학교 측이 머리를 맞대고 학생이 갈 길을 정하는 일에 착수한다. 졸업 후 대학에 진학할 것인지, 바로 사회에 나가

---

15 https://www.kunskapsskolan.com/thekedprogram/roomforlearning.4.4148b03a157bac556552fbd4.html

려고 하는지, 그렇다면 어떤 직업을 원하는지를 정하게 된다. 다음 단계는 각자의 목표 달성을 위한 전략을 수립하고, 교육 프로그램도 거기에 맞춰서 짠다. 획일적일 수밖에 없는 공립 학교와는 상당히 다르다. 앞 장에서 봤던 우리나라의 자사고인 충남 삼성고와 유사하다.

쿤스캅스콜란은 개별 학생에 대한 맞춤형인데다가 교육의 성과도 좋기 때문에 학생과 학부모들 사이에서 인기가 높다. 그 덕분에 전국에 캠퍼스가 생겨났고, 다른 나라로도 확산되었다. 스웨덴 전역에 36개의 학교를 설립 운영 중이며, 학생 수는 13,000명이 넘는다(2018년). 네덜란드, 미국, 영국, 인도, 사우디, 남아공 등 여러 나라의 학교들에 프로그램을 제공 중이기도 하다.

예상했겠지만 이 학교는 사립이다. 1999년 페예 에밀슨[Peje Emilson]이 설립했다. 더욱 놀랍게도 이 학교는 주식회사다. 민간의 투자를 모집해서 설립되었고, 주주들에게 매년 일정 액의 배당을 해준다. 한국 같았으면 학교가 감히 영리를 취한다는 사실에 분노했을 법한데, 스웨덴의 학생과 학부모에게는 인기가 높다. 중요한 것은 학생에게 좋은지의 여부이기 때문이다.

사립 학교인데도 이 학교는 학생들에게 수업료를 받지 않는다. 예산은 학생이 아니라 지방정부로부터 지원받는다. 공립 학교의 1인당 교육비 평균에 학생 수를 곱한 금액이 지방정부로부터 지급된다. 학생을 골라 받으면 안 되기 때문에 희망자가 많으면 선착순이 적용된다. 국가 수준의 커리큘럼도 따라야 한다. 하지만 그 안에서는 상당한 자율성을 확보 받는다. 이런 방식을 '바우처 제도'라고 부르는데, 여기에 대해서는 조금 상세한 설명이 필요할 것 같다.

바우처가 뭐야?

바우처는 원래 상대방에게 무엇인가를 청구할 수 있는 권리증서를 뜻했는데, 지금은 정부가 복지 수혜 대상자에게 주는 쿠폰 또는 서비스 이용권 등을 일컬을 때 쓰인다. 바우처는 우리나라에서도 이미 사용되고 있다. 사립유치원에 아이를 보내는 학부모들은 정부로부터 매월 26만 원 또는 33만 원의 지원금을 받는다. 다만 현금이 아니라 국민행복카드에 충전되는 방식이다. 부모가 유치원에서 결제하면 그 금액만큼 정부에서 해당 유치원의 계좌로 입금된다. 카드는 시중 은행에서 발급받을 수 있다. 굳이 카드 방식을 쓰지 않더라도 아이들 숫자에 비례해서 정부가 해당 유치원에 입금해 준다면 바우처라고 부를 수 있다. 우리나라에서는 사립유치원에 대해서만 바우처를 적용하지만, 스웨덴은 유치원부터 고등학교까지 전과정이 바우처 방식으로 운영된다. 또 공사립 여부를 가리지 않고 이 방식이 적용된다. 그 구체적 모습이 어떤지 알아보자.

한 초등학생이 있다. 이 아이는 자기가 속한 지자체의 어떤 초등학교라도 선택할 수 있다. 우리나라처럼 거주지 학군 안에서 강제로 배정되는 평준화 방식은 바우처 도입과 동시에 폐기되었다. 공사립 어느 학교를 선택하든 비용은 무료다. 그 대신 지자체가 사전에 책정된 학생 1인당 비용을 학교에 지급한다. 2020년 현재 스웨덴 초등학교의 학생 1인당 연간 평균 교육비는 1,446만 원이다.[16] 지역별로 약간의 차이가 있겠지만 지자체는 학생 1인당 그 정도의 금액을 공사립 구별 없이 모든 학교에 지급한다. 비용이 학생 수에 비례해서 지급되기 때문에 학생 모집이 부진한 학교는 예산이 부족해져서 적자가 발생하게 된다. 그런 상태가 오래 지속되면 공립이라도 문을 닫게 되기 때문에 스웨덴의 학교들은 공사립 모두 학생 중심적으로 운영될 수밖에 없다. 교육 내용을 향상시키고 비용은 낮추려는 동기가 생겨난다. 바우처 제도라는 아이디어가 생겨난 기본 취지가 바로 그것이다.

바우처, 주입식 교육의 파괴자

스쿨 바우처 제도는 미국 시카고대학 경제학과의 밀턴 프리드먼 교수가 1955년부터 주장하기 시작했다.[17] 그는 국가가 학교 경영에 직접 개입하다 보니 학교가 교육의 장소라기 보다 아이들을 묶어 두는 장소로 전락했다며 국가는 학교에서 손을 떼라고 촉구했다. 다만 모든 아이들이 소득과 상관없이 교육받을 수 있도록 적절한 1인당

---

16 https://www.statista.com/statistics/538717/sweden-primary-school-education-expenditure-per-pupil/
17 Milton Friedman, The Role of Government in Education, 1955.

교육비 상당의 스쿨 바우처를 학생 또는 학부모에게 지급하라고 제안했다. 그것이 스쿨 바우처 아이디어의 시작이다. 이 제도가 본격화된 것은 1970년대의 칠레와 1990년대의 스웨덴에서다. 칠레는 프리드먼 교수의 제자들이 정책을 맡으면서 그렇게 되었고, 스웨덴은 사회주의식 국가 독점 교육에 따른 폐해를 해결하기 위해 도입되었다. 우리에겐 스웨덴 사례가 더 참고할 만하다.[18]

스웨덴은 1960년대부터 본격적인 사회주의 국가로 변했다. 학교는 지식 교육의 장소에서 평등과 연대를 이루기 위한 수단으로 변했다. 기존의 지식 교육은 부르주아 체제를 위한 것이라며 폐기되었다. 심지어 사회적 평등을 이루기 위해 고소득층 자녀의 교육은 억제되어야 한다는 주장이 득세했다. 우리나라 좌파 교육감들이 벌이고 있는 일이 스웨덴에서도 벌어졌다.

사태가 여기에 이르자 부모들이 가만히 있지 않았다. 1980년대부터 농촌 지역의 부모들이 협동조합형 학교를 스스로 만들고, 직접 교사를 고용해서 자녀 교육에 나섰다. 그러면서 차츰 교육 개혁을 요구하는 분위기가 무르익었다. 1989년 중앙정부가 독점하던 학교 규제권이 지방정부로 넘겨졌고, 학교들에도 상당한 교육의 자유가 주어졌다. 하지만 여전히 학부모들이 만족할 수준은 아니었다. 1992

---

18 이하의 이야기는 다음 글 참조. Jan Sjunnesson, school Vouchers in Sweden, Center for Civil Society, 2012. https://ccs.in/sites/default/files/publications/pol-review-vouchers-in-sweden.pdf

년 중도우파 정권이 집권하자 학교 자치의 파격적 확대와 더불어 사립 학교 설립 자유화가 이뤄졌다. 그리고 바우처 제도가 전격 시행되었다. 학군제를 폐지하고 같은 지자체 안에 있다면 어떤 학교라도 선택할 수 있도록 학생에게 선택권을 보장했다. 학교에는 공사립을 막론하고 학생 수만큼 비용을 지급해 줬다. 사립 학교의 설립도 자유화해서 공립을 사립과의 경쟁에 노출시켰다. 그 후 좌파 사민당이 다시 집권해서 교육을 바우처 이전 상태로 돌리려고 했지만, 학부모들의 반대로 뜻을 이루지 못했다. 오히려 바우처 금액을 늘리는 조치가 따랐다. 스웨덴은 30년 넘게 바우처 제도를 지켜오고 있다.

만병통치약은 아니지만…

학부모들은 스쿨 바우처를 좋아하지만 지식인들 사이에는 반대자가 많다. 사회주의적 성향의 좌파들은 물론이고 소위 보수 중에서도 그렇다. 국가가 나서서 교육을 해야 하는데, 교육이 마치 장사꾼들의 판처럼 되어 버리는 것이 마음에 들지 않는다. 그런 만큼 많은 비판이 제기되었다. 가장 많은 비판은 이 제도를 실시하고 나서 성적이 떨어졌다는 것이다. 실제로 1992년 스웨덴에서 스쿨 바우처가 시작된 이후 이 나라 학생들의 PISA 점수가 현격히 떨어진 것은 사실이다. 이런 현상을 보고 콜롬비아 대학교 레이먼드 피스맨[Raymond Fisman] 교수 같은 사람은 바우처를 도입하면 안 된다는 주장을 펴곤 한다.[19] 하지만 심층적 연구 결과, 학력 저하는 바우처 때문이 아니라 거의 같은 시기에 도입된 학생 중심형 교육에 원인이 있다는 쪽으로 결론이 모아졌다. 스웨덴 학생들의 PISA 점수가 낮아진 이유를 구체적으로 추적해 4가지의 원인을 찾아냈다.[20]

첫째, 학교 공부 시간 자체가 적다. 15세 학생의 경우 OECD 평균이 942시간인데, 스웨덴은 741시간이다. 둘째, 다른 나라에 비해 스웨덴 학생들의 인내심이 부족하고 공부도 적게 한다. 셋째, 교사들이 공부 안 하는 학생에게 관여하지 않는다. 넷째, 지각하는 학생들 비율이 OECD 최고 수준인데 그것에 대해서조차 관여하지 않는다.

학생들이 공부하지 않는 것은 공부를 시키지 않기 때문일 뿐 선택권에 있다고 할 수는 없다. 즉 1992년의 바우처 제도가 아니라 1994년에 시작된 학생 중심 교육에서 학력 저하의 원인을 찾아야 한다는 말이다. 바우처 제도를 하지 않는 핀란드에서도 2000년대 초 교사 중심 교육을 학생 중심으로 바꾼 후 현저한 학력 저하 현상이 발생했다. 지나친 학생 중심 교육과 교사의 방관은 별 성과도 없이 학력만 낮출 수 있음을 보여 주는 사례이다.

---

19 Sweden's School Choice Disaster, https://slate.com/news-and-politics/2014/07/sweden-school-choice-the-countrys-disastrous-experiment-with-milton-friedman-and-vouchers.html

20 A good choice? What lessons can America learn from Sweden's experiment with vouchers? Economist 2014.10.06 https://www.economist.com/democracy-in-america/2014/10/06/a-good-choice

한 연구는 사립 학교가 많은 지자체일수록 공립을 포함한 평균적인 학력이 높게 나타남을 밝혀냈다. 이는 바우처 도입으로 인한 경쟁 효과가 있었음을 시사해 준다. 즉 바우처 제도로 인해 사립 학교가 생겨났고, 그것이 해당 지역 내의 모든 학교 간에 학생 유치를 위한 경쟁을 치열하게 만들었다. 그것이 학력 상승으로 이어졌다는 결론이다.

공립이길 강요받는 대한민국 사립들

교육 선진국에서는 공립 학교를 사립처럼 운영하도록 자유를 주는 것이 교육개혁의 중요한 부분을 차지한다. 그런데 한국에서는 오히려 사립 학교마저 공립으로 만들지 못해서 안달을 하고 있다. 한국에서 사립 중고등학교들은 이름만 사립일 뿐 실질적으로는 공립과 거의 다를 바가 없어져 버렸다.

우리나라의 학교 상황은 이율배반적이다. 형식적으로 보면 사립 학교 비중이 상당히 높지만, 실질적으로는 사립 학교가 거의 존재하지 않는다. 중학교의 23%, 고등학교의 45%가 사립이다. 만약 영국이나 미국처럼 사립 학교들이 교육의 자유를 인정받았다면 지금 우리나라의 교육은 다양성이 꽃을 피우고 있을 것이다. 다양한 교육 실험들이 이뤄졌을 것이고, 그 결과 세계에 내놓을 수 있는 학교들이 즐비

했을 것이다. 하지만 전혀 그렇지 못하다. 우리나라의 초중고등학교에 유학 오고 싶어 하는 외국인은 거의 찾아볼 수 없다. 사립의 숫자는 많지만 모두 공립이기를 강요당해 자율성과 능력을 발휘하지 못했기 때문이다. 우리나라에 사립 중고등학교가 많은 이유는 정부가 교육에 투자할 여력이 부족했기 때문이다. 정부가 건국 초기부터 집중 투자한 초등학교에는 사립이 많지 않은 이유가 거기에 있다. 정부의 여력이 미치지 못하던 중고등학교는 사립 학교들이 생겨나서 팽창하는 교육수요를 메워 줬다. 학생과 학부모들에게 사립 중고등학교는 공립 학교가 없어서 어쩔 수 없이 선택하는 곳이었다.

그런 면에서 서구 선진국들과는 크게 다르다. 앞서 살펴본 나라들의 경우 사립 학교는 공립 학교에 만족하지 못하는 부모와 아이들이 대안으로 선택하는 곳으로 출발했다. 공립 학교는 학비 없이 다닐 수 있는 대신 교육이 획일적이다. 거기에 만족 못하고 특별한 교육을 받고 싶은 학생, 맞춤형 교육을 원하는 부모와 학생들이 무상교육의 혜택을 포기하고 선택하는 곳이 사립 학교다.[21] 우리나라에서도 사립 초등학교는 그런 성격을 상당히 가지고 있다. 그러나 중고등학교는 공립이 없어서 어쩔 수 없이 택하는 곳으로 출발했다.

대중의 인식 속에 교육은 기본적으로 국가의 몫이다. 사립은 국가

---

21 허종렬. (2020). 사학의 자율성 등에 관한 비교교육적 연구-사학 공영화 정책 비판을 위한 미국 사례 분석을 중심으로-. 한국초등교육, 31(1), 129-142.

가 해야 할 일을 대신 맡아서 하는 것이라는 관념이 가득하다. 아이의 교육에 대한 권리는 당연히 부모의 것이고, 부모가 원하는 교육을 위해 사립을 선택한다는 개념은 거의 존재하지 않는다. 그러다 보니 사립의 자율이라는 개념 자체가 애초부터 매우 취약했다. 영국과 네덜란드에서처럼 각 학교가 교육과정을 독자적으로 결정하는 것은 있을 수 없는 일이다. 공립이든 사립이든 당연히 국가가 정한 교육과정을 그대로 따라야 한다. 자율성은 정부와 공무원이 제대로 신경을 쓰지 못하는 사각지대에서만 생겨날 수 있는 것이었다. 정부가 마음만 먹으면 언제든지 거둬갈 수 있는 존재가 자율성이었다. 해방 이후 1960년까지 미군정과 이승만 정권에 의해 허용되던 자유방임은 한국인의 진심이라기보다는 미군정의 영향이었다고 봐야 할 것이다.[22] 박정희에 의한 민족주의적 정권이 등장하면서 학교에 대한 통제는 급속히 강화되어 갔다.

1968년 중학교 평준화는 통제의 사각지대에서 어느 정도나마 허용되던 자율성을 완전히 거둬가 버렸다. 공사립을 막론하고 모든 중학교들은 평준화의 대상이 되었다. 학생들은 거주 지역 학군의 특정 중학교로 강제 배정되었고, 해당 학교는 반드시 그 학생을 받아들여야 했다. 1972년부터는 고등학교도 평준화가 되어 중학교처럼 무시험 진학 강제 배정 방식으로 운영되었다. 무상교육의 확대로 인해서 등

---

22 백성준, 한국 교육발전에서의 사립 학교의 역할, KDI 국제정책대학원, 2013. 허종렬, 사학의 자율성 등에 관한 비교교육적 연구-사학 공영화 정책 비판을 위한 미국 사례 분석을 중심으로-

록금에 대한 규제도 철저해졌고, 수입과 지출 모두에 대한 통제가 더욱 강화되었다. 이렇게 해서 중고등학교 수준에서 사립 학교는 실질적으로 사라졌다. 서양 같았으면 평준화를 하더라도 공립 학교에 대해서만 했을 것이다. 사립 학교는 자율에 맡겼을 것이다. 그것이 사립의 의미이기 때문이다. 그러나 우리나라에는 애초에 그런 관점 자체가 없었다. 설립자에게는 건학 이념이라는 것이 있었을지라도 일반 대중과 정치인들은 그런 것을 용인해야 한다는 생각 자체가 없었다.

 그나마 다행으로 부분적으로나마 평준화에 틈이 생겨나서 약간의 자유가 허용되는 학교들이 조금씩 생겨났다. 1983년 경기과학고, 1984년 대원외고와 대일외고, 1998년 부산국제고와 청심국제고가 학생 모집을 시작했다. 2001년 김대중 정부에서는 자립형 사립고, 노무현 정부에서는 특목고가 증가했다. 이명박 정부는 자율형 사립고를 100개로 늘리겠다는 공약과 더불어 시작했으나, 결과적으로 54개만 증가했다.[23] 전체 고등학교 숫자에 비하면 극히 일부에 불과하지만 그래도 학생과 학부모들에게는 조금이나마 선택의 여지가 생긴 셈이다. 일반 대중에게, 특히 진보세력에게 이들은 눈에 가시 같은 존재에 불과했다. 진보 교육감들은 결국 그 자사고마저 폐지하는 일에 착수했다. 자사고 당국과 학부모들이 재판을 통해 겨우 멈춰 세우긴 했지만, 사학의 자유와 학부모 선택권에 대한 증오는 언제든지 다시 타오를 것이다.

---

23   이범. 문재인 이후의 개혁, 메디치, 2020, p.294

우리나라에서 영국의 아카데미 스쿨, 미국의 차터 스쿨, 네덜란드와 스웨덴의 '공사립 동등 지원+자율성 제도' 같은 것은 요원하다. 오히려 사립의 자율성을 '서열화-사학비리'와 연관 지으며, 공립 학교처럼 공영화시키자는 구호만 요란하다. 그렇게 해서 공교육이 이미 망가져 버렸고 더욱 추락해 가는 데도 여전히 그 미망을 벗어나지 못한다.

이제라도 한국인들 머리속에 새로운 인식이 자리잡길 바란다. 교육은 원래 부모의 권한이며, 국가는 그 부모에게 비용만 제공하면 된다는 인식이 생겨나야 한다. 사학의 자유 역시 부모의 자녀 교육권과 마찬가지로 천부적 권리임을 깨닫는 사람들이 많이 등장해야 한다.

메타버스 시대에 수능 장원급제?

대학입시를 과거시험으로 착각하는 나라

충청북도 영동에 가면 '장원급제길'이 있다. 조선시대에 선비들이 한양으로 과거시험 보러 다니던 길인데, 영동군이 2005년에 '장원급제길'이라는 이름으로 새 단장을 했다. 자녀의 수능을 앞둔 부모들이 이곳을 찾아 고득점을 기원한다고 한다.[1] 충북 연풍과 경북 문경을 잇는 문경새재에는 '금의환향길'도 있다. 과거시험에서 장원급제해서 비단옷(금의)을 입고 고향으로 돌아오는 것을 금의환향이라 했다.

과거시험은 국가 대사였다. 전국에서 수만 명에 이르는 유생들이 시험을 봤는데, 최종 합격자는 33명이었다고 한다. 그 시험에 합격

---

1   https://www.yna.co.kr/view/AKR20171108120700064

한다는 것 즉 과거급제는 본인은 물론 가문과 지역 일대의 경사였다. 하물며 장원급제의 영광이란 가히 상상하기 힘들었다.

 시험을 국가 대사로 대하는 한국인의 마음속 습관은 여전하다. 어쩌면 거기서 한발 더 나간 듯도 하다. 수능을 보는 날이면 온 나라가 들썩인다. 교통정리를 위해 경찰병력이 총동원되고, 수험생들이 혹시라도 길 막혀 늦지 말라고 직장의 출근시간도 늦춘다. 1960년대 중학교, 고등학교 입학시험을 보던 날도 이미 나라가 들썩이긴 마찬가지였다. 장원급제자가 온 나라의 부러움과 축하의 대상이었듯 수능 수석을 차지한 사람도 중요한 뉴스거리다. 어느 학교에 다니며 공부는 어떻게 했는지가 늘 화젯거리로 등장한다.

 과거시험의 뿌리는 중국이다. 국가 행정직을 세습 귀족이 아니라 지식인 계급인 사士족에서 선발하기 위한 제도였다. 수나라 때 시작되었고, 송대부터 관직 등용의 중요 제도로 자리를 잡았다. 이 땅에는 고려 말에 들어왔고, 조선시대에 확고하게 입지를 다졌다. 과거시험의 종주국답게 중국도 우리의 수능에 해당하는 가오카오高考 날은 온 나라가 들썩인다. 그리고 그 점수를 잘 받는 데에 학생 생활의 모든 것을 쏟아붓는다. 이렇게 대학입시는 조선시대의 과거시험처럼 국가가 직접 관여하는 것이 되어 버렸다. 모든 사람을 만족시키려다 보니 수많은 불만이 터져 나오고, 그것을 해결하려 개혁에 개혁을 거듭해 왔지만 나아진 것은 거의 없다.

입시, 매년 바꿔도 지옥은 여전하다

 대학입시가 국가의 대사이다 보니 온 국민이 한마디씩 하게 되었다. 이 말을 들어 여기를 고치면 저기서 또 불만이 터져 나온다. 그 말을 들어 뜯어고치면 또 다른 이들이 불만을 쏟아 낸다. 그러느라 해방 이후 지금까지 수십 번의 대입 제도 개편이 있어 왔다.

 본고사로 뽑던 대입 시험에 예비고사를 추가했다. 그것이 학력고사가 되었다가 수능으로 변했다. 수능이 너무 어렵다고 해서 쉽게 만들었더니 또 변별력이 떨어진다고 불평이 쏟아졌다. 평가에서의 잡음을 없애기 위해 객관식으로 출제했더니 이번에는 그것이 사고력을 떨어뜨린다고 해서 논술을 들여왔다. 그것 역시 평가에 문제가 생겨 오락가락했다.

 공부를 못해도 무엇이든 하나만 잘하면 된다며 시험 없이 대학 갈 수 있는 제도를 만들었다. 그러다 보니 돈 있는 사람만 이익을 본다며 불만이 터져 나왔다. 고등학교 교육을 정상화하기 위해 수시 선발을 늘렸더니, 가진 자만 유리하다며 정시 선발 비중을 더 늘려 달라고 한다. 내신도 상대평가와 절대평가 사이에서 오락가락한다. 우리나라의 대입 제도 변천사는 그야말로 뒤죽박죽, 아수라장이라고 부르는 것이 맞겠다.

오락가락 대입 변천사

연도	주 전형	부작용
1945~1953년	대학별 신입생 선발	대학의 잣대로만 학생 선발
1954년	국가 주관 연합고사	수험생 부담 증가
1955~1961년	대학별 단독시험제	
1962년	대입 자격 국가고사제	국가고사 탈락으로 인한 미달사태
1963년	대입 예비고사+대학별 본고사 병행	
1973~1980년	내신 중심 제도 병행	고액 과외 성행
1982~1993년	학력고사	암기 위주 교육
1994~2007년	수능 도입	암기 위주 교육, 교실 붕괴
2007년~	입학사정관제 (현 학생부종합전형 도입)	스펙 부풀리기

자료: 대입 제도 개편 공론화위원회 '숙의자료집', 국회 기록보존소 '국회기록과 입법으로 본 대입 제도의 변천' 등, 머니투데이. https://news.mt.co.kr/mt-view.php?no=2019090218382965861, 그래픽: 이승현 디자인 기자

    이렇게 대입 제도를 끊임없이 '개선'하는데도 좋아질 기미는 보이지 않는다. 예나 지금이나 입시가 지옥이라는 사실은 달라지지 않았다. 학생들은 고2만 되면 입시 체제로 돌입한다. 밤낮으로 입시 공부에만 매달려야 한다. 학종 같은 것 때문에 달라진 점이 있다면 자녀의 '스펙'을 만들어 주기 위해 부모가 바빠졌다는 것이다. 그 일은 부모에게 맡겨 두고 아이들은 여전히 수능 문제 풀이에 매달린다. 학교에 가서도 내신 등수를 올리기 위해 시험공부에 매달려야 한다.

    사교육비도 줄기는커녕 계속 늘기만 한다. 다음 페이지의 그림은 초중고 학교급별 1인당 사교육비 추이를 보여준다. 입시를 봐야 하는 고등학생의 경우 급격한 증가세를 보여왔다. 2007년 22.7만 원이던 것이 지속적으로 상승해서 2019년에는 36.5만 원, 그리고 2021년에는 41.9만 원으로 역대 최고치를 기록했다. 입시지옥 타파, 사교

육 타파를 이루겠다며 기억조차 할 수 없을 정도로 자주 대입 제도를 바꿔 왔지만 학생들의 현실은 크게 달라지지 않았음을 보여주는 자료들이다.

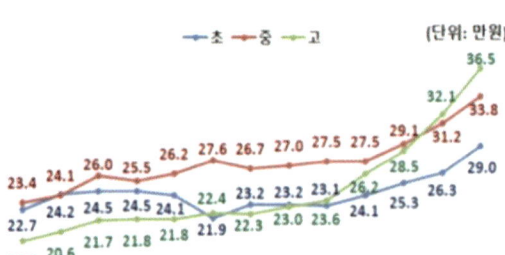

자료: 교육부. 전자신문에서 재인용. https://m.etnews.com/20200310000182

 입시 준비가 고통스럽더라도 그것을 상쇄할 만한 성과가 있다면 그 가치를 인정할 수 있을 것이다. 인생은 어차피 고통의 연속이기 때문이다. 하지만 우리나라 학생과 부모들이 대입 준비를 위해 겪는 고통은 그럴만한 가치가 있는지 의문이다. 학생이 대학을 졸업하고 사회에 나갔을 때 입시 공부가 어떤 도움을 주는지에 대해서 생각해 보자. 입시 공부를 통해서 학생이 얻는 1차 수확은 교과서와 문제집 속의 지식들이다. 수험생들은 많은 과목들의 수많은 단편적 지식들을 습득한다. 박하식 교장의 말을 빌리면 넓고 얕은 지식들이다[2].

---
2 박하식 교장 인터뷰. 교육플러스 2022.01.11. https://www.edpl.co.kr/news/articleView.html?idxno=4176

수험생들이 더 큰 노력을 쏟아붓는 것이 5지선다형 문제에서 정답을 맞히는 연습이다. 이것은 지식 그 자체보다 전후의 상황을 살펴서 제일 그럴듯한 것을 가려내는 작업이다. 우리나라의 입시를 거친 학생들은 그런 능력이 뛰어날 수밖에 없다. 하지만 실생활에서는 거의 쓸모가 없다.

입시 공부를 통해 학생들이 얻게 되는 매우 중요한 능력이지만 간과되는 것이 있다. 인내심과 복종심이다. 우리나라의 거의 모든 대입 수험생들은 짧으면 1년 길면 3년 동안 공부에만 매달려 산다. 신체의 성장 사이클상으로 가장 활동력이 왕성한 시기를 골방에 갇혀서 시험공부만 한다. 그리고 놀랍게도 대부분 학생들은 그 과정을 견디어 낸다. 인내심이 없다면 불가능한 일이다. 즉 우리나라의 학생들은 입시 준비 과정을 거치면서 각자의 몸과 마음속에 엄청난 인내심을 갖추게 된다. 복종심도 생겨난다. 부모와 선생님의 말에 복종하는 습관도 입시 과정을 거치면서 강화된다고 봐야 할 것이다.

입시 공부가 주는 덕목과 유용성 유무

덕목 \ 유용성	대학생활	사회 생활	
		과거	미래
학과목 지식	?	X	X
정답 '찍는' 능력	X	X	X
인내심	O	O	O
복종심-체제 순응성	O	O	?

고등학교의 학과목 지식이 대학생활에 도움이 될까. 전혀 안 된다고 말할 수는 없을 것이다. 하지만 큰 도움은 되지 못한다. 수능에 필요한 지식은 넓고 얕다. 사고력을 크게 요구하지도 않는다. 영어를 제외하면 대학생활에 크게 도움이 되지 않는다. 필자 자신의 경험도 그랬다. 그 지식은 대학을 졸업한 후의 사회생활에도 거의 아무런 보탬이 되지 않는다. 예전에도 그랬고 앞으로는 더욱 더 그럴 것으로 보인다.

정답 찍는 능력은 대학생활이든 사회생활이든 어느 곳에서도 도움이 되지 않는다. 입시를 빼놓고 실생활에서 5지선다형 선택이 주어지는 경우는 어디에도 없기 때문이다.

인내심은 현재의 대입 제도가 그나마 학생들에게 안겨주는 가장 큰 선물이다. 삶의 본질은 고통이다. 그것을 견딜 수 있는 사람은 성공의 가능성도 높아진다. 대학생활이든 사회생활이든 마찬가지다. 세계적 수준의 걸그룹, 보이그룹들은 살인적 훈련과정과 합숙 생활을 통해서 성장한다. 그들이 그 고통을 견뎌낼 수 있는 것은 시험공부를 거치면서 습득한 인내심 덕분일 것이다. 그 인내심은 미래 사회에서도 여전히 중요하게 쓰일 것이다.

복종심도 지금까지는 매우 유용한 덕목이었다. 교수와 선배의 말에 잘 따르는 것은 대학 생활을 잘 꾸리는 데에 상당히 유리하다. 기업이든 또는 다른 조직이든 간에 그곳의 위계질서에 잘 순응하는 사람은 적응력이 좋아서 성공 가능성도 높아진다. 하지만 다가올 미래의 사회에서도 여전히 그럴지에 대해서는 확신할 수 없다. 만약 복종적 태도가 비판적 사고를 억제하는 기제로 작용한다면 특히 더 문제다. 이미 설명했듯이 미래 사회에서는 조직에 속하기보다 각자 프리랜서적 삶을 살아갈 확률이 높다. 자신만의 생각, 자신만의 결단이 절실한 사회에서 복종적 태도를 가진 사람은 적응하기 힘들 수 있다.

종합해 보자. 한국의 학생들이 대학입시를 거치면서 얻는 지식과 정답 '찍는' 기술은 실생활에 거의 도움이 되지 않는 것들이다. 복종심 역시 20년 후를 살아야 하는 세대에게는 오히려 거추장스러운 존재일 수 있다. 인내심만은 과거에도 미래에도 그 필요성을 인정할 수 있다. 하지만 그것을 기르는 방식이 꼭 입시여야 하는지에 대해서는 의문이다. 이처럼 필요 없는 지식을 암기하고, 정답 찍는 연습을 하느라 거의 감금 생활을 하다 보니 한국의 입시 준비는 지옥이 되어 버린다. 아무리 입시 제도를 개선하고 보완해도 입시 지옥은 달라지지는 않았다.

대학의 자리보다 입학을 원하는 지원자가 많으니 선발 제도는 반드시 필요하다. 하지만 그것을 준비하는 과정이 지옥일 필요는 없다. 하버드, 예일 등 세계 최고의 대학에 들어가기가 정말 어렵고 경쟁률도 높지만 입시 지옥은 아닌 현실이 그것을 말해 준다.

22대 1 하버드 입시, 지옥이 아닌 이유

대학문은 좁고 희망자는 많다 보니 입시 지옥은 불가피한 것 아닌가. 이렇게 생각하는 사람도 많은 것 같다. 하지만 대학문이 좁다고 해서 입시가 반드시 지옥이 되어야 하는 것은 아니다. 입시 지옥은 한국, 중국, 일본 등 몇몇 나라의 독특한 현상이다.

미국 명문 대학들의 입시 경쟁률은 한국보다 훨씬 더 높지만 입시 지옥은 없다. 아래 그림에 나타나 있듯이 한국의 명문대인 소위 SKY 대학의 경쟁률은 3대 1 내외이다. 즉 10명 지원자 중 3명 정도가 합격한다.

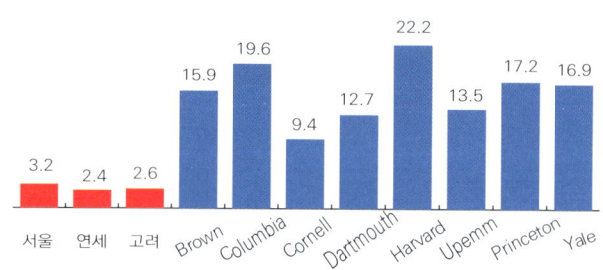

한-미 주요 대학 입학 경쟁률(한국 2021, 미국 2019)

미국 자료: www.powerfulprep.com/how-to-get-into-the-ivy-league/
한국 자료: www.nextplay.kr/news/articleView.html?idxno=1901

하버드, 예일, 프린스턴 등 미국의 명문 아이비리그Ivy League 대학들은 경쟁률이 SKY 대학들보다 적게는 3배에서 많게는 7배나 더 높다. 가장 경쟁률이 낮은 코넬대학이 9.4 대 1, 가장 치열한 하버드대학의 경우 22.2 대 1이나 된다. 하지만 우리의 수능에 해당하는 SAT

또는 ACT 시험 때문에 나라가 들썩이는 일이 없다. 그냥 각자 알아서 보면 된다. 입시 스트레스도 훨씬 덜하다. 한국의 입시와 미국 입시에 따른 스트레스의 차이를 가장 잘 느낄 수 있는 사람들은 민사고 학생들이다.

민사고 학생들은 민족반과 국제반 중 하나에 속한다. 민족반은 국내 대학에 진학하려는 학생들이고, 국제반은 외국 대학 예를 들어 미국의 하버드, 예일, 영국의 케임브리지, 옥스퍼드 같은 대학을 목표로 하는 학생들이다. 입시 스트레스는 민족반 학생들이 국제반보다 훨씬 더 크다고 한다. 이 학교의 교장을 지낸 이돈희 박사(교육부 장관을 지내기도 했다)는 한 칼럼에서 다음과 같이 썼다.

> 나는 민사고의 민족반과 국제반의 운영을 통하여 미국 대학과 한국 대학의 선발 방식 차이가 이 학교 학생들의 공부와 생활에… 어떤 차이를 보이는가를 관찰할 수 있었다. 실로 놀라울 정도로 극명한 차이를 보이고 있었다.
> 민족반 학생들은… 일반 고등학교의 학생들보다 불리한 위치에 있다…. 아무리 우수한 학생들이 모인 학교라고 하더라도 내신등급이라는 것이 요구되는 한에서는… 누군가는 낮은 등급을 반드시 받아야만 한다….
> 국제반 학생들은 사정이 전혀 다르다. 외국의 다양한 대학이 다양한 방식으로 학생을 선발하기 때문에 자신이 하고 싶은 공부를 하고 그

런 공부를 높이 평가받을 수 있는 대학들에 복수로 지원한다. 민사고 수준이면 미국 아이비리그 대학 여러 곳에서 입학허가서를 받는다. 성적은 등급 없이 절대평가에 의한 평점으로 매겨지고, SAT 시험은 준비된 때에 보면 되고, AP 시험도 자신이 하고 싶은 만큼 선택하면 된다. 봉사활동이나 자기개발을 위한 활동을 자유롭게 선택하고, 각종의 경시대회에 기회가 있을 때 참여한다. 동료와는 경쟁 상태에 있을 수도 있으나 그런 경쟁으로 인하여 누군가 희생을 당해야 할 이유도 없고, 누군가 하위 등급을 받아야 하는 민족반 학생들의 경쟁과는 다르다.

민사고에는 100개가 넘는 클럽들… 좋아하는 활동을… 하다 보면 그만큼 클럽의 수도 많아진다. 공부와 경쟁은 힘들지만 즐거움일 수도 있다. 그러나 민족반 학생들은 국제반 학생들만큼 공부를 마음껏 즐기기도 어려우며 여러 가지의 활동을 계획하는 데도 한계가 있다. 우리나라의 대학 선발 제도의 경직성 때문이다.

우리나라의 대학들은 학생선발에서 지나치게 기계적, 계량적 공정성을 중시한다. 누구를 맡아서 교육시킬 것인가보다는, 어떻게 하면 명쾌하게 선발과 탈락을 구별 지을 것인가를 생각한다. 어느 과목에서 몇 점, 어느 집단에서 몇 위인가 등 모든 것이 엄격히 계량화되어 있다. 이런 제도하에서는 학생의 성취동기나 창의력, 잠재력 등이 제대로 노출될 수가 없다.[3]

---

3 민족사관고등학교" 이런 학교를 버려도 좋은가?(8) http://www.eduinnews.co.kr/news/articleView.html?idxno=39689

미국 대학들의 선발 방식은 매우 주관적이다. 학생 선발 시 가장 중요한 요소를 묻는 질문에 대해, 대학 입시 관계자는 대체로 일관된 답을 보여주었다. 생활기록부에 나타난 고등학교 수강 과목 목록과 성적이 가장 중요한 요소라고 했다. 또 SAT나 ACT와 같은 학생의 학업 능력을 보여주는 시험 점수도 중요한 평가 요소 중 하나인 것으로 답했다. 그다음으로는 학생이 관심 주제에 대해 작성한 '에세이'와 교사의 '추천서'가 중요한 평가 요소인 것으로 대답했다.[4]

SAT나 ACT를 제외한 생활기록부의 수강과목, 추천서, 에세이는 모두 주관적 평가 대상이다. 요즘 SAT와 ACT의 비중을 줄여가는 추세라고 하니 선발의 주관성은 더욱 커지는 경향이다. 하지만 이 정도의 선발 방법만 해도 상당히 객관적인 셈이다. 명문 대학들의 경우는 우리 한국인, 동양인이 받아들이기 힘든 선발 방식도 병행하고 있다. 부모가 기부를 한 덕에 들어오는 학생, 아버지가 동문인 덕분에 가점을 받아 들어오는 학생, 오지奧地 출신이라는 이유로 들어오는 학생, 소수민족이기 때문에 들어오는 학생 등 무엇이 기준인지를 명확하게 설명하기 어려울 정도로 입시 사정이 주관적이다.

특정 고등학교 출신이 유리하게 작용하는 경우도 있다. 미국에는 프렙 스쿨이라 불리는 사립 고등학교들이 많은데 높은 명문 대학 합격률을 자랑한다. 예를 들어 필립스 앤도버 스쿨 학생들의 Ivy 리그

---
4 김지혜, 미국의 대학입시제도 현황, 교육정책네트워크 정보센터, 2019.11.20.

대학 합격률은 31%, 우리 식으로 따지자면 셋 중 하나는 SKY 대학에 합격하는 셈이다.[5] 아래 표에서 보듯 그런 학교들이 많다. 이 학교들은 우리식 기준에 따르면 귀족학교들이다. 필립스 앤도버 아카데미의 2020년 학비는 57,800달러, 우리 돈으로 거의 7천만 원 수준이다. 다른 프렙 스쿨들도 대부분 그 정도의 학비를 부담해야 한다.

미국 보딩 스쿨 순위(Ivy League 대학 진학률 기준)

순위	학교명	Ivy League, MIT & Stanford Placement (%)
1	Phillips Academy Andover (필립스 앤도버 스쿨)	31%
2	Lawrenceville School (로렌스빌 스쿨)	30%
3	Groton School (그라튼 스쿨)	29%
4	Phillips Exeter Academy (필립스 엑시터 아카데미)	28%
5	Milton academy (밀튼 아카데미)	28%
6	St. Paul's School (세인트 폴스 스쿨)	27%
7	Hotchkiss School (하치키스 스쿨)	24%
8	Deerfield Academy (디어필드 아카데미)	23%
9	Middlesex School (미들섹스 스쿨)	19%
10	Choate Rosemary Hall (초우트 로즈매리 홀)	19%

자료: 미국 보딩스쿨 선택 기준, 예스유학 네이버 블로그 2021.11.16.

입시에서도 사회정의를 중시하는 한국인으로서는 받아들이기 힘든 방식이다. 부모가 동문이어서 가점을 받는 것, 기부금을 많이 낸 대가로 입학하는 것, 귀족학교 출신이라는 이유로 입학하는 것 등은 한국인이 도저히 받아들일 수 없을 것이다.

---
5   미국 보딩스쿨 선택 기준, 예스유학 네이버 블로그 2021.11.16.

미국 대학들이 이럴 수 있는 이유는 우리와는 달리 입시가 해당 대학의 일이기 때문이다. 우리처럼 국가 대사가 아닌 것이다. 그러다 보니 마치 입사 시험이 자기 기업에 필요한 사람을 뽑는 일이듯이 대학의 신입생 선발도 자기 대학이 필요로 하는 인재를 뽑는 절차에 불과해지는 것이다. 그로 인한 다양한 선발 방식과 기준이 대학입시를 지옥일 필요가 없도록 만들어주는 것이다.

대학, 국가 소유가 아니다

미국 대학들, 특히 사립대학들은 자기 대학의 발전에 도움이 되는 사람인지 여부가 가장 중요한 선발 기준이다. 하버드대학의 학장을 오랫동안 지낸 로조브스키 박사는 'The University: An Owner's Manual(번역명 대학 - 갈등과 선택)'에서 미국 대학의 학생 선발 과정을 고등학교 성적, 논술, 면접, 교사의 추천, 그리고 무엇보다도 이상적인 신입생 구성에 관한 대학 측의 의도가 고려된 사회공학의 실천이라고 밝혔다. 사회공학의 실천이라는 것은 결국 대학이 뽑고 싶은 사람을 뽑는다는 말의 우회적 표현이라고 할 수 있다.[6]

그 기준이 우리로서는 도저히 받아들이기 어려운 것도 많다. 가령 동문 및 교수의 자녀는 입시 사정에서 상당히 유리한 위치를 점한다.

---
6 'Rosovsky, H,(이형행 역), 대학 - 갈등과 선택, 삼성경제연구소, 1996.' 참조

그런 학생일수록 하버드대학이라는 조직에 강한 충성심을 나타내기 때문이라고 대학 측은 당당히 설명한다. 특정한 명문 고등학교 출신을 우대하는 이유도 그것이 하버드에 좋기 때문이라고 한다.

 반면 우리의 대학은 대다수의 사람들에게 일종의 국가기관처럼 인식된다. 그래서 누구나 수긍할 수 있는 방식으로 신입생을 선발해야 한다. 기부금 입학제는 금지되었고, 동문의 자녀라고 해서 가점을 주는 것은 부정행위가 된다. 그러다 보니 논술 시험조차도 볼 수가 없는 지경이 되었다. 어떤 학생이 10점 만점의 논술 답안에 7점을 받았을 경우 시험관은 왜 8점이 아니라 7점을 주었는지 추궁 받기 십상이다. 그런 질문을 받으면 사실 별로 답할 말이 없다. 그저 그렇게 판단되었기 때문에 그랬다는 것뿐. 하지만 우리나라 대학입시에서 그런 것은 용납되지 않는다. 그래서 대학입시 문제, 수능 문제는 시비의 여지가 없는 쪽으로 쏠리게 된다. 객관성이 극단화되다 보니 이제는 5지선다형이 되어 버렸다. 그리고 대입 공부는 틀리지 않게 잘 '찍는' 기술 훈련에 집중된다. 비판적 사고 육성같은 것은 먼 나라의 이야기다.

 만약 하버드대학이 우리나라의 대학들처럼 선발기준의 정당성을 타인들에게 입증해야 했다고 생각해 보자. 아무리 하버드라도 결국 객관식 시험으로부터 자유로울 수 없을 것이고, 대학의 발전은 저해되었을 것이다. 또 미국 학생들도 객관식 시험준비를 위해서 입시 지옥을 겪고 있었을 것이다. 좋은 대학의 확장을 막는 제도, 또 대학 입시에 대한 정치의 통제, 이것들이 우리의 아이들로 하여금 단조로운 암기식 공부, 실생활과는 관련 없는 공부를 하게 만든다. 그 결과 공부는 지옥이 되어 버렸다.

'정치적 입시'가 만들어낸 입시 지옥

우리나라의 대학 입시는 고도의 정치제도가 되어 버렸다. 대학이 자기 학교의 교육 방침에 맞는 학생을 선발하는 것이 아니라 대중이 보기에 그 학교에 들어갈 자격이 있는 학생이 선발되도록 만드는 장치의 성격이 강하다. 수능 문제의 난이도는 모든 사람을 만족시켜야 하는데 그러지 못하다 보니 매년 사회 문제가 된다. 어떤 문제를 내든, 어떤 방식을 쓰든, 불만은 나올 수 밖에 없다. 그런데 입시가 정치화 되다 보니 그 불만들은 제도의 변화를 요구하는 목소리가 된다. 지난 수십 년간 수십 번에 걸쳐 입시 개혁이 이뤄졌다. 하지만 어떤 것도 개선되지 않았다. 입시는 여전히 지옥이고 불만은 높다. 수능도 문제, 학종도 문제다. 수시 선발도 문제고 정시도 문제다. 줄여주겠다던 사교육은 오히려 더 늘었다.

사실 '정치적 입시'가 지옥 같은 입시를 만들어 냈다. 열심히 노력하는 것이 힘들기는 하지만 지옥이라고 불리지는 않는다. TV에서 인기를 끈 예능 '스우파(스트리트 우먼 파이터)'에서 상을 받기 위해 젊은 여자 아이들이 미친 듯이 춤을 춰 댄다. 춤을 잘 춰서 성공할 확률은 지극히 낮은데도 춤 판을 지옥이라고 하지 않는다. '쇼미더머니' 출전을 위해 연습하는 아이들 역시 엄청난 고통을 참으며 그렇게 하지만 지옥이라 하지 않는다. 재미가 있기 때문이다.

 입시가 지옥인 이유는 재미없는 공부를 해야 하기 때문이다. 특히 나중에 쓸모도 없는 것들을 의미 없이 암기하고, 5지선다형 문제의 답을 맞히는 연습들은 고통의 끝판왕이다. 시험 보는 것 외에 아무 짝에도 쓸모없는 기술을 익히느라 졸린 눈을 비벼야 하는 것은 정말 사람을 지치고 괴롭게 만든다.

 수학을 생각해 보자. 어느 정도의 수학은 생활에 반드시 필요하다. 비즈니스를 할 때도, 마트에서 물건을 살 때도 4칙 연산 능력은 매우 유용하게 쓰인다. 그러나 나중에 석박사 공부를 할 생각이 전혀 없는 학생이 미적분이나 집합 이론을 공부해야 할 이유는 찾기 어렵다. 생물의 크렙스 사이클, 화학에서의 각종 화학 반응식, 지구과학의 암석 형성 과정, 사회에 나가서 부르지 않는 노래들…. 이런 것들은 왜 배우는가. 모든 학생들이 자신의 진로와 상관없는 이런 것들을 이해하고 외우는 데에 시간을 써야 할 이유가 뭔가. 사는 데 필요도 없는 것을 공부하려다 보니 재미는 없고 고통만 쌓이게 된다. 쓸데없는 것을 외워야 하는 공부가 입시를 지옥으로 만든다.

무슨 공부이든 공부는 힘들다. 그래도 세상을 살아가는 데에 유용한 것을 배우는 과정이라면 고통의 강도는 상대적으로 줄어든다. 세상사와 동떨어진 시험은 공부를 일종의 강제 노역으로 만들어 버린다.

우리의 입시 과목들은 암기력이 좋은 아이, 교과서에 실린 내용을 의심하지 않고 잘 받아들이는 아이, 인내력이 큰 아이에게 유리한 구조로 짜여 있다. 사회를 살아감에 있어 그런 능력이 필요한 것은 사실이다. 하지만 그것만이 전부는 아니지 않은가. 물건을 잘 파는 아이, 글을 잘 쓰는 아이, 엉뚱한 생각을 잘하는 아이, 손재주가 좋은 아이, 의심을 잘하는 아이…. 이런 능력들은 사회에 나가서 매우 귀중하게 쓰일 재능들임에도 불구하고 대학입시를 통과하는 데에는 별로 소용이 없다. 대학에 들어가기 위해서는 아이들이 어떤 능력을 가졌는지, 그리고 사회가 어떤 능력을 요구하는 지와는 무관하게 정부가 정한 과목들을 배우고 시험 쳐야 한다.

정치화된 입시가 쓸데없는 것을 시험으로 보게 만든다. 입시를 자율화하면 각 대학들은 당연히 자기 대학이 원하는 학생들을 뽑을 것이다. 그들이 원하는 인재는 십중팔구 졸업 후 사회에서 성공가능성이 높은 재목들일 것이다. 선발 기준도 성공 가능성이 높은 재목을 골라낼 수 있도록 짜일 것이다. 현재의 미국 대학들이 그렇다. 그렇게 되면 중고등학생들의 대학 입시 준비는 사회에 나가 성공할 능력을 기르는 것으로 맞춰질 것이다.

하지만 현재 입시제도는 정치적 입시다. 대중이 납득할 수 있는 선발을 해야 한다. 이 체제의 가장 치명적 약점은 주관적 선발을 하기 어렵다는 점이다. '될 성 부른 나무는 떡잎부터 안다'는 속담도 있듯이 그냥 척 보면 괜찮은 인재라고 알 수 있는 경우도 많다. 하지만 현재의 입시에서는 그렇게 뽑기가 매우 어렵다. 근거가 무어냐고 물어보면 답하기 어려운 선발은 할 수가 없다. 그러다 보니 평가 결과에 시비가 붙지 않을 방법에 집중하게 되고 결국 5지선다형으로까지 흐르게 되었다. 하지만 이것은 주객이 뒤바뀐 제도이다. 수능이든 내신이든 점수 높은 사람, 석차 높은 사람을 뽑을 수밖에 없지만 합격자가 대학이 원하는 사람인지는 4년이 지나봐야 알 수 있다. 현재의 방식으로는 대학에 맞는 사람을 골라 뽑기가 매우 어렵다.

선발 과정에서의 객관성 요구 때문에 선발기준이 본질로부터 벗어나 단선적이 되는 사례는 각종 고시에서도 찾아볼 수 있다. 수만 명이 고시공부에 열중하고 있지만 그 공부가 판사들이나 공무원들의 질 향상에 도움을 주었다는 증거는 찾아보기 힘들다. 현재의 고시 제도가 잘 외우고, 기존 문헌을 잘 받아들이는 능력을 가진 사람을 선발하는 데에는 도움이 될 것이다.

하지만 훌륭한 법관이나 변호사, 공무원의 사질이라는 것이 그런 것만은 아닐 것이다. 창의성과 추리력, 정직함, 도전정신, 정의감 같은 것들이 더욱 중요한 덕목이라는 데에 큰 이의가 없을 것이다. 또

앞의 능력과 뒤의 능력들이 비례하지 않는다는 데에도 큰 반대가 없을 것이다. 그러나 공정성 시비를 극복하지 못하는 상황에서는 객관적 평가라는 것이 불가피하며, 그 결과 매년 수만 명의 젊은이들이 업무의 본질과는 별 관계도 없는 엉뚱한 공부를 하느라 고통을 받고 있다.

대학이 알아서 뽑는다면…

우리나라 대학도 미국 대학들처럼 자율적으로 신입생을 뽑을 수 있게 된다면 어떤 학생을 뽑을까. 미국 대학들처럼 십중팔구는 대학의 발전에 도움이 될 사람을 뽑을 것이다. 자기 대학의 수업을 잘 소화하고 졸업 후 사회에 나가 성공할 사람을 뽑으려 할 것이다. 실패할 자를 뽑는 대학이라면 차츰 지원자를 잃고 경쟁에서 도태될 것이기 때문이다. 그 판단 기준이 주관적일 수밖에 없지만, 그렇더라도 밖에 그렇다는 사실이 알려지게 될 것이다.

중고등학생들도 사회에 나가서 필요로 하는 것들, 또는 그것이 요구하는 기초 소양을 기르는 데에 주력할 것이다. 아마도 대부분의 학생들은 기본적 능력인 읽기, 쓰기, 말하기를 잘 하려고 노력할 것이다. 대학이 그것을 요구할 것이기 때문이다. 경제학을 공부하고픈 학생들은 다른 문과생들과 달리 이과 수학에도 정통하고 있음을 입증하려고 할 것이다. 사회복지에 관심 있는 학생은 최소한 헌혈증서 정도는 가지려고 할 것이다. 자신이 누구보다 사회에 관심도 많고 참여 의지가 큼을 알리기 위해 온갖 궁리를 다할 것이다. 그것이 자신이 원하는 대학에의 합격 확률을 높일 것이기 때문이다. 그런 과정을 통해 대학입시를 위한 중고등학교에서의 공부가 사회에서의 성공적 활동과도 연결될 것이다.

선발 방식이 다양한 만큼 학생들의 공부도 다양한 방면에서 이루어질 수 있다. 인간의 지능은 다중 지능 multiple intelligence이다.[7] 인간의 지능은 다양한 차원을 가지며, 사람마다 각 차원별로 가지는 능력이 다르다. 말을 잘하는 아이, 운동을 잘하는 아이, 흉내를 잘 내는 아이, 수학 문제를 잘 푸는 아이…. 선발 방식이 다양할수록 아이들은 자신의 적성에 맞는 것을 쉽게 발견할 수 있을 것이고, 적성에 맞는 것일수록 공부는 덜 고통스러워질 것이다. 미국 명문 대학의 경쟁률은 우리보다 훨씬 높지만 입시가 지옥은 아니다. 대학들이 실용적인 것을 추구하고 또 각자의 필요에 따라 다양한 선발기준을 택하고 있기 때문이다.

인간의 삶에 있어 경쟁은 피할 수 없다. 회피한다면 능력 자체가 위축된다. 제도를 설계하는 사람이 추구해야 할 것은 경쟁 폐지가 아니

---

7 Gardner, H. (1983). Frames of Mind: The theory of multiple intelligences. New York: BasicBooks

라 경쟁을 좋은 방향으로 유도하는 것이다. 세상에 나가서 살기 위해 필요한 기술 지식들을 가지고 경쟁을 벌인다면 고통을 훨씬 덜해질 것이다. 그런 것이 포지티브 섬 positive sum 게임이다. 경쟁에 이기기 위해 노력하는 모두에게 이익이 되는 게임을 말한다. 이기는 사람만이 아니라 지는 사람도 경쟁 과정에서 능력이 생겨 앞으로 살아가는 데에 도움이 된다.

그러나 제로 섬 게임 또는 마이너스 섬 게임은 다르다. 이기는 사람은 약간의 도움이 될지 모르지만 대다수의 참가자들은 그 과정에서의 노력이 어떤 도움도 되지 않는다. 시험을 위한 노력은 모두 시간낭비가 되어 버린다. 우리 대학 입시는 네거티브 섬 게임의 성격이 강하다. 문제의 근원은 신입생 선발을 대학에 맡기지 않는 정치적 입시 제도에 있다.

대학도 평준화하자고?

2015년 7월 전교조는 광화문 광장에 나와 교육혁명 대장정을 선언했다.[8] 입시를 폐지하고 대학을 평준화하자는 내용이다. 모든 대학을 정치의 도구로 만들겠다는 아이디어이고, 정치적 입시제도의 끝판왕이라고 할 수 있다.

---

8 "입시폐지, 대학평준화" 전교조 교육혁명대장정 출발. 연합뉴스 2015.07.27. https://www.yna.co.kr/view/AKR20150727076100004

입시가 폐지되면 당장은 입시 공부를 하지 않아도 되니까 학생들이 편해질 것이다. 하지만 그것이 전부가 아니지 않은가. 그동안 우리 사회에서 대학의 평판, 소위 대학의 서열화라는 것이 해온 기능까지 사라지게 된다. 그로 인해 상당한 혼란과 경제적 비용을 치르게 될 것이다.

대학입시는 학생을 선별해서 표시하는 기능을 한다. 저 학교에 합격을 한 것을 보니 어느 정도 지능은 되겠구나, 또 어느 정도 인내심도 있겠구나, 이런 사전 판단을 할 수 있다. 특히 인재를 충원해야 하는 기업이나 또는 다른 조직의 입장에서 보면 매우 요긴한 기능이다. 물론 그로 인해 편견이 생겨날 수도 있지만 긍정적 기능도 상당히 있음을 부인할 수 없다.

그런데 그런 서열조차도 없다면 인재를 충원하는 사람이 누구를 뽑을지 판단하기가 어렵다. 고를 방법이 막연해진다. 대학 성적과 지도 교수의 추천서를 믿고 판단해야 하는데 그것 역시 쉽지 않다. 교수들이 정직하지 못하기 때문이다. 만약 교수들이 양심적이고 객관적으로 자기 학생을 평가한다면, 그 학점을 보고 판단할 수 있을지 모른다. 예를 들어 호주와 프랑스는 실질적으로 입시가 없다. 다음 그래프에서 보듯이 지원자 중 탈락률이 호주는 5%, 프랑스는 8%에 불과하다. 누구든 원하는 대학에 입학할 수 있다는 말이다. 그런데 졸업은 매우 어렵다. 정상적인 코스의 졸업자 비율이 호주는 30%,

프랑스는 40%에 불과하다.[9] 아무나 받아들이지만 성적이 안 되면 졸업장을 주지 않기 때문에 졸업자의 실력을 어느 정도 파악할 수 있다. 덕분에 이 나라들의 무입시 제도가 지속 가능할 수 있다.

우리나라에서는 그러기를 기대하기 쉽지 않다. 학생이 학점 미달로 졸업할 수 없는 지경이 된다면 가혹하게 평가할 수 있는 교수가 많지 않을 것이다. 전두환 정부 시절 우리도 비슷한 제도를 시행했었다. 입학 정원을 30%나 대폭 늘려서 들어가기 쉽게 만드는 대신 졸업정원을 지키게 했다. 모든 과목이 상대평가를 해야 했고 누군가는 유급을 시켜야 했다. 교수들에게도 학생들에게도 고통스러운 일이었다. 우왕좌왕하다가 결국 졸업정원제는 1985년에 실질적으로 폐지되었다. 교수도 학생도 한국인들은 이런 상황을 견뎌낼 수가 없다.

자기 학생들 사이의 차이에 대해서는 객관적이려고 노력할지 모르지만 전체의 학점은 올려 주려는 것이 우리나라 교수들의 성향이다. 하지만 추천서도 그렇게 된다면 제3자들은 그런 평가를 믿을 수 없게 된다. 그러면 기업들은 인재 충원을 위해 그들만의 시험을 쳐야 하는 사태가 발생한다. 그렇게 해도 정확성을 기하기는 쉽지 않을 것이다. 결국 신입사원 대신 이미 업계에서 상당한 경험을 가진 사람,

---

9 Marie-Helene Doumet, Why open admission systems don't always lead to greater equity in higher education, OECD Education and Skills Today, 2018.10.10. https://oecdedutoday.com/why-open-admission-systems-dont-always-lead-to-greater-equity-in-higher-education/

이력을 통해서 성향과 실력을 확인할 수 있는 사람을 뽑으려 할 것이다. 경력사원 중심 채용은 이미 상당히 진행되어 있는데 입시를 없애 버리면 대학 졸업자들의 취업은 더욱 어려워지게 될 것이다.

 이는 고등학생들의 공부에도 큰 영향을 줄 것이다. 당장 닥칠 여파는 학생들이 공부를 하지 않을 것이라는 사실이다. 유럽에서도 이미 나타나고 있는 현상이다. 이미 언급했듯이 호주와 프랑스, 포르투갈 등 탈락률이 낮은 나라는 무시험제를 하고 있음을 뜻한다. 반면 탈락률이 높은 나라도 있다. 핀란드는 67%, 스웨덴은 63%가 대학입시에서 탈락한다. 그런데 무시험제 국가들이 엄격히 선발하는 국가들에 비해 PISA 성적이 평균적으로 현저히 떨어진다. 이는 대학입시 체제가 고등학생들의 학력을 크게 떨어뜨린다는 사실을 입증해 준다. 지필 고사의 성적은 떨어지더라도 그 대가로 창의력이 높아진다면 시도해 볼만한 일이다. 하지만 학력이 떨어진다고 해서 창조성이 높아진다는 증거는 발견되지 않았다. 무시험 제도로 인해서 고등학생들이 당장은 편해질 수 있다. 하지만 그 행복이 지속 가능한가? 젊을 때 놀기만 하는 것이 과연 인생에 지속 가능한 행복을 가져다 주는가? 고뇌가 필요한 부분이다.

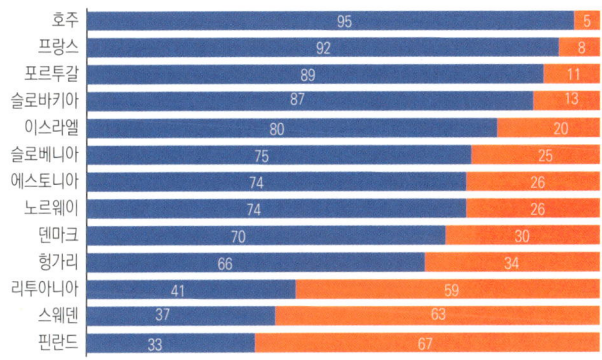

자료: Marie-Helene Doumet, Why open admission systems don't always lead to greater equity in higher education, OECD Education and kills Today, 2018.10.10.

이기주의에 대한 잘못된 비난

입시 지옥의 원인을 편협한 가족 이기주의에서 찾는 사람들도 있다.[10] 자기 자식만 잘 되면 그만이라는 욕망이 과외를 부추기고 그것이 학생들을 고통스럽게 만든다는 것이다. 문제를 이렇게 보면 진보적인 전인교육을 통해서 이기심을 없애는 것이 교육의 중요한 목표로 자연스럽게 등장한다. 그러나 가족 단위의 이기심이든, 개인 차원의 이기심이든, 이기심 자체에 대한 비난은 인류의 번영 자체를 부인

---

10 전국교원노동조합, 더불어 사는 삶을 가르치는 참교육, 연대미상, 한국교육연구소 (편), 『참교육: 그 이해와 오해』, 내일을 여는 책, 1993, pp199-235.

하는 셈이다. 자신과 가족을 잘 살게 하고 싶은 이기심 덕분에 인류는 원시 상태를 벗어나 굶을 걱정을 덜하게 되었다. 게다가 이기심을 없애는 것이 가능하지도 않다. 인간에게서 이기심을 없애려는 수많은 시도들이 있어 왔지만 성공한 사례는 찾아보기 힘들다. 이기심을 없애기보다는 오히려 잘못된 방향으로 이기심이 표출되게 만듦으로써 사회를 빈곤과 타락으로 이끌었다.

우리가 해야 할 일은 이기심을 부인하거나 또는 없애려고 노력하는 것이 아니라, 이기심의 존재를 인정하되 사회적으로 유익한 결과로 이어지도록 물꼬를 터주는 일이다. 경제에서 시장경제 원리의 확립은 바로 그것을 달성하기 위함이고 대개는 결과도 그렇다. 교육에서도 마찬가지이다. 교육 개혁의 궁극적 목표는 인간의 이기심에 기초한 경쟁이 학생 각자의 생산성을 높이는 방향으로 흘러갈 수 있도록 물꼬를 터주는 것이어야 한다. 자본주의 사회는 분업화를 통해서 유지되며, 그런 사회에서는 각자의 높은 생산성이 타인에게도 이익을 주기 때문이다.

학교를 정치에서 해방시키라

수험생 각자를 위해서, 그리고 사회 전체를 위해서 대학에 학생 선발의 자율권을 부여해야 한다. 누구를 어떤 기준으로 뽑든 스스로 알아서 하게 하자. 수능시험을 몇 %로 하든, 내신성적 비율을 얼마로 하든, 면접을 보든 필기시험을 보든 대학의 자율에 맡기라. 기업이 자기 나름의 방식으로 신입사원을 선발하는 것이 자유롭듯이 말이다. 또 초중등학교들이 자신들 나름의 방법으로 대학입시에 대응하도록 자유를 허용하고 학생과 학부모가 초중등학교를 선택할 수 있도록 공무원들이 손을 떼야 한다.

그와 동시에 대학 간의 경쟁을 촉진하라. 경쟁이 없다면 대학에 주어진 자율권은 남용될 수 있다. 자격 없는 학생을 돈을 받고 입학시킬 수 있고, 교육의 질이 낮아질 정도로 많은 학생을 선발할 수도 있을 것이다. 대학 간의 경쟁이 없다면 그런 문제는 해결되지 않을 것이다. 자유를 남용하더라도 망하지 않을 테니 말이다. 경쟁이 있다면 문제는 달라진다. 선발권을 잘못 행사해서 교육의 질이 떨어지는 학교는 학생 모집이 안돼서 문을 닫아야 될 터니까.

물론 학령인구 감소로 인해서 대학들도 과거와는 달리 상당한 경쟁에 노출되어 가고 있다. 하지만 상위 대학은 예외다. 수도권의 좋은 대학들은 여전히 지원자가 넘치는 만큼 경쟁의 사각지대에 남아 있다. 자연스러운 상태라면 그런 대학들은 정원이 늘어야 한다. 그러면 좋은 대학들 간의 경쟁도 더욱 치열해질 것이다.

하지만 우리나라의 상황은 그렇지 못하다. 수도권 대학의 정원은 규제에 의해 철저히 통제된다. 정원을 늘릴 수 없기 때문에 상위 대학은 적당히 해도 학생 모집을 걱정할 필요가 없다. 학교가 느슨해질 수밖에 없다. 좋은 대학들이 경쟁적으로 학과를 신설하고 교육의 질을 향상시킬 때에만 비로소 대학 간의 경쟁은 치열해질 수 있다. 수도권 대학에 대한 여러가지 규제들은 우리 대학 전체의 경쟁을 심각하게 제한한다.

'정원 유연화'는 사교육을 줄이는 데에도 큰 도움이 된다. KDI 연구에 따르면 5공화국 때 대학 정원 확대로 인해 고등학생의 사교육 참여율이 9~10% 감소했다.[11] 대학 정원 자유화는 인기 학과의 신입생을 늘려서 미래 준비에 도움을 주는 동시에 경쟁률을 낮춰서 사교육 지출을 줄여주는 효과도 있다.

결단의 시기가 왔다. 대학을 대학의 것으로 놓아 주자. 어떤 기준에 의해서 어떤 학생을 뽑든 대학이 스스로 알아서 하게 해주자. 정원도 알아서 조정하게 하고 망할 가능성도 열어 놓자. 그래야 대학입시 준비가 미래 사회에 대한 준비가 될 수 있다. 그럴 때에야 비로소 입시 지옥이라는 말도 서서히 사라지게 될 것이다.

---

11   1982~2005년 중에 고등학교를 졸업한 4,614명의 정보를 분석한 결과. 박윤수·강창희·고영우 , 대학규제와 사교육에 관한 연구, KDI, 2018.

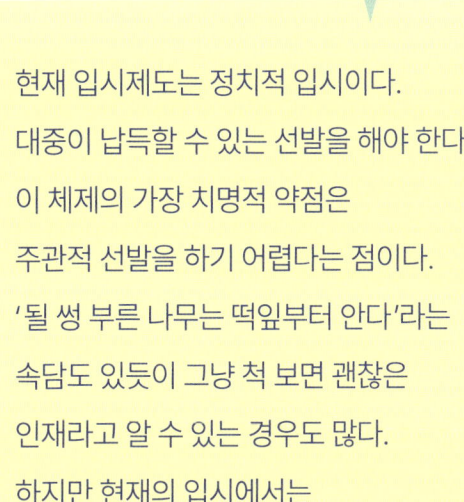

현재 입시제도는 정치적 입시이다.
대중이 납득할 수 있는 선발을 해야 한다.
이 체제의 가장 치명적 약점은
주관적 선발을 하기 어렵다는 점이다.
'될 성 부른 나무는 떡잎부터 안다'라는
속담도 있듯이 그냥 척 보면 괜찮은
인재라고 알 수 있는 경우도 많다.
하지만 현재의 입시에서는
그렇게 뽑기가 매우 어렵다.

스쿨 빅뱅 제안서

　우리의 주력 산업들은 머지않아 사라질 것이다. 중국, 베트남, 말레이시아에 시장을 빼앗기거나, 한국 땅에 남아 있더라도 로봇과 AI가 사람의 몫을 대체할 것이다. 20년 후 지금 초등학생이 사회에 나갈 무렵에는 반드시 그렇게 될 것이다. 이미 조짐이 여기저기서 나타나고 있다. 풀타임 고용률이 급락하고, 대학 졸업자의 취업률이 떨어지는 현상은 일자리가 사라지는 구체적 징조이다.

　새로운 산업, 새로운 일자리를 만들어 내야 할 필요성은 긴 설명이 필요 없다. 그 일을 맡을 주역은 당연히 미래 세대, 지금의 학생들이다. 그들이 자신을 위한 일자리를 스스로 만들어 내야 한다. 그럴 능력이 있는가. 우리는 지금 학생들을 스스로 일자리를 만들어 낼 인재로 길러내고 있는가. 전혀 그렇지 못하다. 기껏해야 상사가 지시하는 일을 수행하는 정도의 사람으로 아이들을 교육해 왔다. 최근의 진보교육이라는 것은 그것조차도 안 하고 반항만하는 사람을 기르고 있는지 모른다. 이렇게 해서는 새로운 산업도, 새로운 일자리도 생겨나지 않는다. 쇠락하는 나라, 우리는 일본에서 그 선례를 보고 있다.

 공교육을 뒤집어 엎어야 한다. 5지선다형 문제 풀이나 하는 교육을 벗어나야 한다. 하지만 안타깝게도 답이 무엇인지는 모른다. 교사 주도의 주입식 교육이 문제이긴 하지만 모든 것을 학생 주도로 하는 것 역시 정답일 가능성은 낮다. 그것은 교육이라기보다 오히려 방치라고 불러야 할지 모른다. 영국의 교육전문가 데이지 크리스토둘루 Daisy Christodoulou 는 〈아무도 의심하지 않는 일곱 가지 교육 미신〉에서 학생 주도 수업이 효과적이라든가, 지식보다 역량이 중요하다는 믿음이 미신일 수 있음을 현장에서의 사례를 통해 보였다. 지식 교육과 역량 학습, 교사와 학생 역할이 잘 조화를 이뤄야 하는데 적절한 수준이 어디인지에 대해 누구도 답을 줄 수 없다. 어쩌면 학생마다 교사마다 다 달라야 할 수 있다. 평가 역시 마찬가지다. 논술형이 좋다고 하지만 교사들이 준비가 되지 않았고, 또한 정직함이 제대로 자리를 잡지 않은 상황에서 어느 정도나 교사들의 평가를 믿어야 할지 알 수 없다. 모든 것은 현장에서의 실험을 통해서 찾아갈 수밖에 없다. 그 다양한 모습들 중 어느 것이 좋을지는 학생이 부모와 함께 선택할 수 있게 해야 한다.

가장 큰 걸림돌은 공무원들의 통제 본능과 '교육 정치'이다. 잘하는 학생을 끌어내려서 모두 내 자식과 같거나 못한 존재로 만들고 싶어 하는 대중, 그 질투심 위에 올라타 학교와 교사를 통제하는 정치인, 공무원, 시민운동가들이 교육을 망치고 있다. 이제 그들에게서 학교와 교사를 해방시켜야 한다. 교사들이 자유롭게 학교를 운영하게 하고, 어떤 것이 좋을지는 학생과 학부모가 선택케 하는 교육으로 바꿔내야 한다.

아이들 공부를 막지 말라

250명 모집에 11,100명이 지원했다. 44 대 1. 아파트 분양 경쟁률이 아니다. 컴퓨터 소프트웨어 개발자 양성과정인 '42 서울'의 신입생 모집 이야기다.[1] 프랑스의 '에콜 42'의 한국 버전인데, 여기에는 가르치는 사람, 강사 또는 교수가 없다. 아침 8시 48분에 과제가 주어지면 48시간 안에 해결해야 한다. 그것이 에콜 42의 교육이다. 가르친다기 보다 스스로 배우는 과정이다. 학교는 과제를 내주는 역할만 한다. 이렇게 2년간 교육을 받는다. 수업료는 무료다. 이미 이 과정을 거쳐나간 사람들은 이전에 비해 연봉이 2배로 올랐다. 그러다 보니 그 많은 사람들이 여기에 들어와 배우려고 줄을 선 것이다.

---

[1] 경쟁률 44대 1 '42서울', 4차산업혁명 인재 테스트 직접 해보니, 중앙일보 2020.01.15
https://www.joongang.co.kr/article/23682346#home

사람들은 새로운 배움에 목말라하는데 기존의 학교들은 해결해 주지 못하고 있다. 곳곳에서 교육 혁신을 외치는 사람들이 많지만 실제로 바뀌지는 않는다. 막강한 저항세력들이 곳곳에 도사리고 있기 때문이다. 대학에 첨단학과를 설치하려면 정원을 늘려야 하는데, 수도권 대학에서의 정원 확대는 용납할 수 없다며 지방 대학, 지방 정치인, 지방 주민들이 눈에 불을 켜고 덤빈다. 초중고등학교에 정보 교육 시간이라도 조금 늘리려고 하면 기술, 가정 과목 교사들과 사범대학에서 교사를 양성하는 교수들이 절대 용납 못한다고 담당 공무원들에게 압력을 가한다.

가야 할 목표는 분명한데 그들에게 뒷다리를 잡혀 오도 가도 못하는 것이 우리 한국의 딱한 처지다. 그 반대를 뿌리쳐야 한다. 그들에게 길을 비키라고 강력히 요구해야 한다. 그들을 뿌리치고 젊은 대학생들, 초중고등학생들이 미래 준비를 할 수 있게 길을 열어줘야 한다.

대학 빅뱅 1 : 수도권대학 정원 동결 폐지

가장 급선무는 대학이 미래 사회가 필요로 하는 인재를 양성할 수 있게 해주는 것이다. 미래를 위해 필요한 전공 과정을 자유롭게 개설할 수 있도록 길을 비켜줘야 한다. 그와 동시에 필요 없어진 전공은 스스로 폐지할 수 있어야 한다. 미래를 위한 전공 개설은 말할 것도 없고 현재 당장 수요가 있는 전공마저 확대, 신설할 수 없는 것이 우리나라 대학의 현실이다.

 대학 정원 규제를 풀어야 한다. 특히 수도권 대학은 더욱 절실하다. 컴퓨터 전공, 반도체 전공, AI 전공 늘려 더 많은 학생들을 배출하려 해도 '수도권 대학 정원 동결법'에 묶여 그럴 수가 없다. 이 족쇄를 끊어 내야 한다.

 수도권 규제, 대도시 억제라는 발상 자체를 폐기해야 한다. 1960년대부터 20여 년 정도 세계의 여러 나라들이 유행처럼 수도권 억제, 대도시 확장 억제 정책을 폈었고 우리나라도 그 뒤를 따랐다. 특히 일본의 도쿄도 억제책을 많이 벤치마킹했다. 하지만 국가간 자본과 인재 유치 경쟁이 치열해지면서 모든 나라들에서 수도권 규제는 사라졌다. 오히려 대도시의 국제 경쟁력을 높이는 정책들로 전환되었다. 일본에서도 도쿄도 억제책이 사라졌다. 그런데 우리나라에서만 철 지난 수도권 억제를 붙들고 있다. 그 때문에 첨단산업도, 대학의 첨단학과도 늘릴 수가 없다. 수도권 규제로 인해 우리나라의 대학들은 1980년대의 모습으로 화석화되어 버렸다.

 나라의 미래를 열기 위해서는 대학에 대한 정원 통제를 폐기해야 한다. 학생들이 희망하는 전공은 무엇이든 새로 개설할 수 있게 허용해야 한다. 정원을 늘릴 수 있게 허락해 달라고 공무원들에게 애걸할 필요조차 없도록 판을 바꿔야 한다.

대학 설립의 자유도 허용해야 한다. 기존 대학의 혁신에는 한계가 있기 마련이다. 시설의 제약도 있고, 기존 교수들의 밥그릇 지키기도 큰 장애물이다. 그들 때문에 학생의 미래가 막혀서는 안 된다. 기존 대학들이 못하면 새로운 대학들이 생겨나서 학생들의 미래 준비를 도와야 한다. 온라인으로만 수업하는 '미네르바 스쿨', '에콜 42' 같이 캠퍼스조차 없는 대학들이 거리낌 없이 생겨날 수 있어야 한다.

우리나라의 낡은 법제 하에서는 어림없는 일이다. 우선 우리나라에서는 건물 없는 학교는 상상할 수 없다. '대학 설립·운영 규정'은 교사 校舍(학교 건물), 교지 校地(학교 부지), 교원 教員(교사 또는 교수), 수익용 기본재산을 대학 설립의 필수 요건으로 못박고 있다. 그러다 보니 미네르바 스쿨처럼 교실 없는 대학은 꿈도 못 꾼다. 심지어 사이버 대학을 세우려해도 건물을 소유해야 한다. 온라인 강의도 전체 학점의 20%를 초과할 수 없게 되어 있다.[2] 대학들이 코로나 대응에 필요하다며 하도 규제를 풀어달라고 하니까 마지못해 규제를 풀기는 했는데 대학원에 대해서만 그렇다. 즉 대학원 중 온라인 전용 석사과정만 교육부의 허가를 받아서 열수 있게 되었다.[3] 하지만 정작 중요한 일반 대학은 여전히 온라인 교육이 20%를 초과할 수 없다.

---

2 http://news.unn.net/news/articleView.html?idxno=209600
3 https://www.joongang.co.kr/article/25048981#home

등록금 자유화도 필요하다. MIT는 2019년 AI 전문 단과대학을 설립하면서 1.1조 원(약 10억 달러)의 기금을 마련했다. 비슷한 시기 서울대는 6년간 10개 학문 분야에 240억 원을 투자하겠다고 밝혔다. MIT의 3%에도 미치지 못한다. 대학의 투자 치고 우리나라에서는 적지 않은 규모인데도 그렇다. 투자가 많다고 성공하는 것은 아니지만 그래도 너무 작다. 우리나라 대학의 투자 여력이 거의 전무한 것은 규제 때문이다. 기부금 입학이 금지됨은 물론이고 등록금도 묶여 버렸다. '반값 등록금'이라는 구호 하에 13년 동안이나 동결되었다. 그 결과 우리나라의 대학들은 거의 거지꼴이 되었다. 쇠락해 가는 대학에 등록금만 반값을 내고 다니면 뭐 하는가. 시간만 아까운 지경이 됐다.

이제 학생들이 각성해야 한다. 반값 등록금 같은 구호에 현혹되지 말라. 대학도 돈이 있어야 학생들에게 미래를 준비시킬 수 있다. 제대로 대비도 못한 채 미래로 나가가야 하는 자신의 현실이 두렵지 않은가. 교육부도 공식적으로는 등록금에 대한 규제를 하지 않는다고 말하고 있다. 하지만 감히 등록금을 올릴 간 큰 대학은 없다. 당장은 4,800억 원에 달하는 국가장학금의 대상에서 제외된다. 사실은 그보다도 앞으로 어떤 불이익을 당할지 알 수 없다는 것이 등록금 인상을 더 두려워하게 만든다.[4] 이런 상태라면 우리의 대학은 점점 학생들에게, 또 납세자들에게 부담만 되는 존재로 전락해 갈 것이다.

---

4 13년간 대학 등록금 동결... 매경 2021.02.07. https://www.mk.co.kr/news/society/view/2021/02/126801/

교육부의 대학 지원 예산은 학교가 아니라 학생들에게 지급하는 방식으로 바꿔야 한다. 즉 일정한 기준을 만들어 해당되는 학생에게 등록금 바우처를 지급하라. 2022년 고등교육 예산은 총 11.8조 원인데[5] 이 중 국립대학 교원 인건비 등 불가피한 고정비를 제외한 나머지 금액은 대학생들에게 바우처로 지급하라는 말이다. 그중 어느 대학이 얼마를 받게 될지는 몇 명의 학생으로부터 선택을 받는지에 따라 달라지게 될 것이다. 이렇게 한다면 대학은 그야말로 학생 중심의 대학이 될 것이다. 사립이든 국립이든, 수도권 대학이든 지방 대학이든 학생들이 배우고 싶어 하는 것을 제공하는 대학만이 살아남게 될 것이다. 학생이 필요로 하지 않는 대학을 세금으로 연명시킬 이유가 없다.

대학 빅뱅 2 : 대학이 알아서 뽑게 하라

대학 정원 자유화의 효과는 신입생 선발 자유화와 더불어 완성된다. 어떤 전공에 어떤 학생이 적합한지는 해당 전공을 만들고 운영하는 교수와 학교 측이 가장 잘 안다. 각 전공에 대한 신입생 선발권은 대학의 자율에 맡겨져야 한다. 내신과 수능의 비중을 어떻게 구성할지, 수시와 정시의 비중을 어떻게 할지 모두 각 대학의 재량에 맡겨라.

---

5 교육부 보도자료, 2022년 예산 및 기금 89조 6,251억원 국회 확정, 2021.12.03

사실 내신, 수능, 수시, 정시, 이런 구분 자체가 정부 통제의 산물이다. 어떤 방법으로 뽑을지 각 대학이 알아서 결정하게 풀어 주라.

그렇게 되면 매우 다양한 선발 방식이 등장할 것이다. 믿을만한 지원자라면 면접만으로도 뽑을 수 있고, 신뢰가 안 가는 사람은 객관적 점수가 높아도 탈락시킬 것이다. 내신으로 뽑히는 학생, 여러 가지 조합으로 뽑히는 경우 등 다양한 선발 경로가 생겨날 것이다. 그 방법이 어떤 것이든 대학들은 교육을 잘 받아낼 학생, 졸업 후 학교를 빛낼 사람을 뽑으려고 최선을 다할 것이다. 물론 간간이 부정입학의 사례도 있기는 하겠지만 그것은 범죄 차원에서 다루면 될 일이다.

정부가 할 일은 대학이 학생을 잘 고를 수 있도록 돕는 일이다. 수능도 방법이 되겠지만 고등학교 졸업 자격시험 방식도 고려해 볼 수 있다. 그것조차도 사실 장기적으로는 대학과 개별 고등학교들이 개발할 가능성이 높다. 즉 고등학교들이 자기 학교 졸업생의 우수함을 알리기 위한 증거와 지표들을 만들어내게 될 거라는 말이다. 그렇게 된다면 단일 척도의 시험 결과는 무의미해질 것이고 수능 같은 표준적 시험은 선발 기준에서 비중이 낮아질 것이다. 실제로 미국에서는 그런 현상이 확대되고 있다. 하버드, 예일, 프린스턴 등을 비롯한 많은 명문 대학들이 SAT 점수 제출을 option 즉 선택 사항으로 삼고 있다.[6] 즉 제출하면 참고하겠지만 없어도 괜찮다는 뜻이다.

우리나라도 입시 자유화가 된다면 장기적으로는 그렇게 되겠지만 아직 정직성이 부족한 사회이기 때문에 미국처럼 되기에는 상당히 오랜 시간이 걸릴 것으로 보인다. 그때까지는 학생들의 실력을 객관적으로 파악하는 데에 도움이 될 만한 단일 척도의 시험을 국가가 만들어낼 필요가 있다.

대학 구조조정 : 학생의 뜻에 따르라

대학 구조조정 방식의 개편도 반드시 필요하다. 모든 대학의 정원을 줄이는 현재의 방식에서 학생 모집이 안되는 대학만을 질서정연하게 퇴출시키는 방식으로 바꿔야 한다.

다음 페이지의 그래프에서 볼 수 있듯이 출산율 감소에 따른 학령인구 감소로 정원을 채우지 못하는 대학들이 급속히 늘고 있다. 대학의 전체 정원이 49.3만 명인데 입학자원 즉 18세의 대학진학 예정자수는 2019년부터 정원을 밑돌게 되었다. 2022년의 경우 입학자는 총 정원보다 8만 명 정도 못 미칠 것으로 보인다. 그 괴리는 앞으로 더욱 늘어날 것이다. 많은 대학들이 필연적으로 문을 닫아야 한다.

---

6 List of Colleges Extending Test-Optional Policies, IvyWise College Admissions Blog, 2022.02.02 https://www.ivywise.com/blog/colleges-going-test-optional/

대학정원 대비 입학자원 추정

*입학자원: 학령인구(만18세) 고고 졸업 대학 진학 정도 등 고려해 추정
*입학정원: 교육부 발행 학년도별 전국대학 모집단위별 입학정원
　　　　　(2018학년도 이후는 2017학년도와 동일하다고 전제)

자료: U's Line, 2021.2.11. http://www.usline.kr/news/articleView.
　　 htm?idxno=20207

　정부가 개입하지 않으면 자연스럽게 학생 모집이 안 되는 대학들부터 폐교에 들어갈 것이다. 하지만 학생 모집이 잘 되는 대학, 즉 학생들의 선택을 받는 대학은 그런 걱정을 할 필요가 없다. 그렇게 해서 학생의 선택을 받는 대학만 남게 될 것이다. 문제는 교육부의 구조조정 정책이 그 과정을 막는다는 사실이다. 교육부 대학 구조조정 정책의 큰 그림은 폐교의 압력을 여러 대학으로 분산시키려 한다. 조금 과장하사먼 모든 대학의 징원을 조금씩 줄여서 폐교되는 학교의 숫자를 최소화하려 한다. 지방 대학들의 압력, 지방 국회의원, 시도지사, 지방 주민들의 비위를 맞추려는 포퓰리즘 정책이다. 학생들이 많이 지원하는 대학은 줄일 것이 아니라 오히려 정원을 늘려야 한다. 폐교는 학생 모집이 안되는 학교로 국한하는 것이 맞다.

정부가 할 일은 학생 모집이 안 되는 대학를 폐교하되, 부작용을 최소화하는 것에 집중해야 한다. 즉 질서정연한 폐교가 되도록 교통정리를 해주는 역할이다. 학생 재배치, 잔여재산의 투명한 처리 등이 포함될 것이다. 지방대학의 폐교를 줄이기 위해 지원자가 넘치는 대학의 정원을 줄이는 정책은 폐기해야 한다.

초중고 빅뱅 1 : 학교 지원에서 학생 지원으로

다음으로 필요한 개혁은 유치원부터 초중고 모든 학교들을 공무원들로부터 해방시키는 것이다. 학교에 대한 공무원들의 통제를 폐지하는 것이다. 하지만 자유가 방종으로 이어져서는 안 된다. 자유를 누린다면서 아이들 교육을 교사들 마음대로 하면 곤란하다. 교육에 대한 궁극적 권리는 학부모에게 있다. 따라서 교육은 어떤 경우에도 부모의 선택에 따라야 한다. 학교는 부모의 바람에 따라야 한다.

그렇게 하기 위해 교육 재정 집행 방식을 바꾸어야 한다. 학교 예산 배정에 공무원들이 개입할 여지를 최소화해야 한다. 교육예산을 학생 수대로 나눈 금액을 부모들에게 배분해 주고 선택한 학교에 납부하게 하면 된다. 학교의 입장에서는 예산을 국가로부터 받는 것이 아니라 학부모로부터 받는 체제로 바뀌게 된다. 사립뿐 아니라 공립도 예외 없이 이 제도 속에 포함시켜야 한다. 학교들은 학생 수만큼 예산을 확보할 수 있다. 학생 모집이 안되면 예산이 부족해지고 적자가 발생한다. 적자가 계속되다 보면 학교 문을 닫아야 한다. 가혹해 보이지만 스웨덴과 노르웨이가 이미 시행하고 있는 제도다.

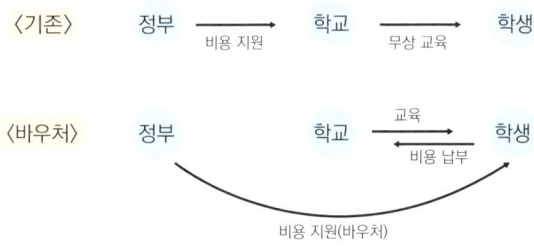

교육재정 집행 제도: 기존 방식 대 바우처 방식 비교

 이것은 엄청난 변화다. 지금까지 우리나라의 공립 학교들은 유치원부터 초중고등학교에 이르기까지 예산의 대부분을 정부로부터 직접 지원받아왔다. 공립 학교의 경우 교원 인건비는 교육청이 교사에게 직접 지급하고, 비정규직 인건비와 다른 운영예산은 교육청이 학교에 지급해 주고 학교장이 집행하게 했다. 거기에 약간의 학부모 부담을 합쳐서 전체 수입이 되었다. 사립 학교는 등록금 수입과 기준재정 소요액과의 차액을 '사학재정결함보조금'이라는 명목으로 교육청이 학교에 지급했다.

국가가 학교에 직접 지원하는 방식을 폐기하라. 학교에 직접 주던 돈을 학부모에게 지급하라. 학교 급별 교육예산 총액을 학생 수로 나눈 금액을 각 학부모에게 바우처로 지급하라는 말이다. 이미 설명했듯이 바우처란 지급증서 정도의 의미이다. 예를 들어 연간 1,000만 원을 바우처로 지급한다는 말은 그 1,000만 원을 사전에 정해진 용도, 즉 자녀의 학교 교육에만 사용할 수 있다는 뜻이다. 고등학교의 경우 공립 1인당 교육비가 1,300만 원 정도이니까 그 정도의 금액을 각 학생의 부모가 고등학교 등록금 용도로 쓸 수 있게 한다는 말이다. 물론 해당 자녀가 다니는 학교에 대해서만 유효하다.

이렇게 하더라도 교육예산 총액은 변함이 없다. 다만 공무원 뜻에 따라 배정하던 것을 학부모의 선택에 따르게 하자는 말이다. 이렇게 하면 학교와 교육에 혁명적 변화가 몰아칠 것이다.

집 짓기와 교육 그리고 학부모

바우처에 의한 학교 선택제에 대해서 찬반 논란이 있는데, 가장 큰 쟁점 중에 학부모에게 그럴 능력이 있는지 여부에 있다. 학부모에게 선택을 맡길 정도로 모든 학부모가 교육에 관심과 전문성을 가지는지에 대한 논란이다. 학부모가 현장의 교사들, 교육학 교수들에 비해 교육에 대한 지식이 부족한 것은 분명하다. 하지만 그것이 학부모의 선택을 부인하는 논거가 될 수는 없다. 학부모를 빼고 교사나 교수, 공무원들이 자기들 마음대로 결정하겠다는 논거가 될 수 없다.

교육에서 학부모의 역할은 건축에서 소비자의 역할과 다를 바 없다. 일반 소비자들은 집을 어떻게 지어야 할지 잘 모른다. 기초공사는 어떻게 하며 기둥은 어떻게 세워야 할지 모른다. 적절한 공간 배치를 위해 설계를 어떻게 해야 하는지도 알지 못한다. 그래도 건축에 대한 최종 선택자는 건축가가 아니라 집의 주인이 되어야 한다. 비록 건축을 어떻게 하는지 알지 못하지만 어떤 건축가를 고를지는 당사자인 소비자가 정한다. 만약 건축가에게 알아서 집을 만들어 달라고 한다면 주인의 취향이 아니라 건축가 자신의 취향에 맞는 집을 지어 놓을 가능성이 크다. 소비자는 스마트폰에도, 자동차에도, TV에도 전문가가 아니지만 어떤 것이 자신이 원하는 것인지를 선택할 수 있고 실제로 그렇게 한다. 전문가들이 자신의 취향에 맞게 만들어서는 안 되기 때문이다. 전문가들은 최종 소비자가 원하는 바를 충실하게 잘 구현해 주는 정도로 봉사하면 된다.

교육도 마찬가지다. 자녀를 어떻게 교육할지 결정할 최종 권리는 부모에게 있다. 자녀가 원하는 대로 자라게 놔두는 것 역시 부모의 선택이다. 하지만 부모는 자녀의 심리에 대해 그리고 어떻게 해야 '훌륭한' 성인으로 자라게 되는지 잘 모르기 때문에 학교와 교사에 교육을 위임한다. 그렇더라도 자녀 교육에 대한 궁극적인 권리는 부모에게 있어야 한다. 국가나 공무원, 교사가 아이들의 교육을 마음대로 재단할 권리는 없다. 국가 마음대로 아이들의 인격과 미래를 정하는 것은 횡포이고 전횡이다. 자녀의 미래에 관한한 자녀 본인의 뜻이

가장 중요하지만, 그다음은 학부모의 뜻이다. 그래서 학생과 학부모에게 학교 선택권을 주어야 한다.

초중고 빅뱅 2 : 평준화 말고 선택권

바우처 제도가 의미를 가지려면 학생과 학부모가 학교를 선택할 수 있어야 한다. 지금의 일반 초중고등학교처럼 학군 내에서 학생을 강제 배정하는 제도[7] 하에서는 바우처 제도가 별 의미를 가지지 못한다. 학교에 직접 재정을 지원하는 현재의 제도보다 복잡하기만 해진다. 어차피 비슷한 액수의 예산을 받게 될 것이기 때문이다. 바우처 제도가 소기의 성과를 내려면 학생이 학교를 선택할 수 있어야 한다.

자사고, 외고, 과학고와 마찬가지로 모든 학교들이 학생의 선택 대상이 되도록 제도를 바꿔야 한다. 지원자가 정원을 초과할 경우 선발 방식에 대해서는 각 학교가 정하면 된다. 또는 그것이 마음에 안 든다면 자의적 선발을 금지하고 추첨 방식을 의무화할 수도 있을 것이다. 스웨덴이 그런 방식을 쓰고 있다. 어떤 경우든 학생이 학교를 선택할 수 있어야만 바우처 방식이 소기의 성과를 달성할 수 있다.

---

[7] 2022학년도 고입전형일정·배정방법·배정절차... 한국강사신문, 2021.09.05, http://www.lecturernews.com/news/articleView.html?idxno=75194

이는 평준화 해체를 뜻한다. 성신여대의 김경회 교수도 평준화의 폐지를 주장한다.[8] 평준화로 얻는 효과는 미미한데 학력 저하, 집값 차이에 따른 학군별 실력차, 교육의 획일화 등 부작용이 너무 커졌다고 한다. 이래저래 학생 선택권을 보장하려면 평준화는 폐지해야 한다.

마지막으로 못 박아 둬야 할 사항은 학교들이 선택 압력을 느끼도록 만드는 장치다. 선택을 받지 못한 학교들은 수입이 줄어 적자가 발생하게 된다. 그것에 대해서도 해당 학교가 책임을 지게 해야 한다. 궁극적으로는 폐교 가능성을 열어 두어야 한다.

초중고 빅뱅 3 : 교육 내용, 교사가 정하고 학부모 선택을 받으라

학교마다 교육 내용이 모두 똑같다면 선택은 의미가 없다. 집에서 가장 가까운 곳을 택하는 것이 가장 좋은 선택이어서 강제 배정에 의한 평준화와 크게 다르지 않다. '바우처-학교 선택제'의 핵심은 학생-학부모의 선택을 받기 위한 학교들 간의 경쟁에 있다. 가장 강력한 경쟁 수단은 교육 내용이다. 학교들이 교육 내용을 스스로 개발할 수 있게 허용해야 한다. 영국의 아카데미, 미국의 차터 스쿨 등은 국가교육과정에 구애받지 않고 자체 교육과정을 개발해서 학생에게 제공한다.

---
8   김경회, 4.0시대 교육정책 어젠다, 박영스토리, 2022, pp. 95~79.

우리나라에서도 각 학교들이 국가수준 교육과정과 무관하게 독자적인 교육과정을 시행할 수 있게 하자. 공립까지 그러는 것이 부담스럽다면 최소한 사립 학교들에 대해서만이라도 허용해야 한다. 국가교육과정을 원하는 학생-학부모는 공립 학교를 선택하면 될 것이다.

국가교육과정 의무화를 고수하는 경우에도 교사의 재량권을 최대한 넓혀줘야 한다. 우리나라의 교과과정이 교사의 재량권을 얼마나 옥죄는지에 대한 교육 평론가 이범의 관찰을 옮긴다.

> 핀란드가 2014년 발표한 국가교육과정은 중학교 3년간 배울 내용을 단 한 페이지로 담고 있다. 초등 3~6년 4년간 수학 내용 또한 단 한 페이지다. "학생들은 분수 개념을 배우고 다양한 상황에서 분수를 적용하는 기초 계산법을 익힌다." 이런 식이다.
>
> 반면 한국의 '2015 교육과정'은 핵심 내용뿐 아니라 성취기준을 하나하나 나열하고 있다. 핀란드의 교육과정에는 성취기준이 없다. 현장의 교사가 만들도록 되어 있기 때문이다. 가르치는 방법과 순서를 현장의 교사 재량에 맡긴다. 그래야 교사가 자율성, 창의성, 전문성을 발휘할 수 있다.[9]

아무리 자유화를 하더라도 학생의 기초 학력에 대한 평가는 반드시 있어야 한다. 학교가 그저 편안한 놀이터가 되어서는 곤란하다.

---

9 이범, 문재인 이후의 교육, 메디치, 2020, pp. 51~52.

주입식을 벗어나 비판적 사고 교육을 하더라도 학력이 높아질 수 있음을 IB 교육 이수자의 높은 PISA 점수 등에서 확인할 수 있었다. 구체적 방법으로는 기초 학력 획득 여부, 즉 유급-합격 여부를 판단하는 방식의 시험일 수도 있고, SAT나 수능처럼 학력의 등급을 매기는 방식이 될 수도 있을 것이다. 이것을 통해서 학교들은 최소한의 공통적인 기초 학력을 전수한다는 전제하에 자유를 한껏 누리며 다양한 모습의 교육을 선보이게 될 것이다. 어느 것이 좋을지는 학생과 학부모가 선택하면 된다.

초중고 빅뱅 4 : 학교 설립 자유화

기존 학교의 변화에는 한계가 있다. 이미 해 오던 것을 파격적으로 바꾸기가 쉽지 않기 때문이다. 따라서 새로운 학교의 설립을 자유롭게 허용할 필요가 있다. 지금도 대안학교들에 대해 등록제를 시행함으로써 상당히 문을 열어 놓는 추세다. 이것을 대안학교가 아니라 정식 학교로 인정해 주는 조치들이 필요하다. 그러기 위해 가장 문제가 되는 것 중의 하나가 체육장 여건 같은 것들이다. 넓은 땅을 확보해야 하기 때문이다. 특히 땅값이 비싼 대도시에서는 이 요건 때문에 학교 신설을 엄두내기가 힘들다. 공립은 그 기준에 따르되 신설 사립은 요건을 완화할 필요가 있다.

아래 그림 중 1과 2는 영국 런던의 사립형 공립 학교(아카데미 스쿨) 중 하나인 Space Studio. 3은 미국 뉴욕의 사립형 공립 학교(차터스쿨)인 Explore Charter School이다. 이들 학교 모두 운동장이 없다. 학교에 반드시 운동장이 있어야 하는 것이 아님을 말하기 위해 이 사진들을 실었다.

〈 운동장이 없는 학교들 〉

 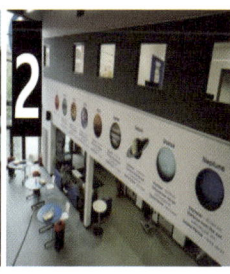 

* 1·2: 영국 Sudio School 중 하나인 Studio Space 외부 및 내부, 운동장이 없다.
  3: 미국 뉴욕시의 차터스쿨인 Explore Charter School, 운동장이 없다.
  자료: 영국 http://www.spacestudiowestlondon.org/about-us/
  　　　미국 https://exploreschools.org/explore-upper/

영국의 아카데미 스쿨,[10] 미국의 차터 스쿨은 모두 공립 학교인데도 설립의 자유를 최대한 허용한다. 실질적으로 안전한 교육이 가능하다면 운동장은 없어도 된다. 예를 들어 영국 교육부의 학교시설 권고 기준은 다음과 같이 규정하고 있다.

10　Advice on standards for school premises, Department of Education, 2015.03. 영국정부 규정. https://assets.publishing.service.gov.uk/government/uploads/system/uploads/attachment_data/file/720244/Advice_on_standards_for_school_premises.pdf

(1) 학교 소유자는 다음과 같은 용도를 위해 적절한 실외 활동 공간을 확보해야 한다. Ⓐ 학교의 교육과정에 따른 학생들의 체육 활동 Ⓑ 학생들의 야외 놀이
(2) 그러나 대안학교 성격의 아카데미 스쿨에 대해서는 이 규정을 적용하지 아니한다.

지역마다 학교마다 사정이 다를 테니 운동장을 둘지 말지는 각자 알아서 판단하라는 메시지다. 그 판단이 옳았는지는 학생과 학부모의 선택에 맡기는 제도다. 우리나라도 새로운 학교들의 왕성한 등장을 위해 철 지난 학교 시설 기준을 해제할 필요가 있다. 시설에 대한 규제는 화재 등에 대한 안전 확보에 집중하는 것이 좋다.

새로운 학교의 등장을 촉진하기 위해 필요한 조치는 무상 교육 재정을 이들에게도 쓰일 수 있게 해주는 것이다. 바우처 제도 하에서는 공립뿐만 아니라 사립, 대안 학교 등 모든 학교들에서 바우처를 사용할 수 있게 해주면 된다. 학교에 직접 재원을 보조하는 현재 상황에서는 대안 학교들에도 학생 수에 따라 재정을 지원할 필요가 있다. 무상교육은 학생과 부모가 선택한 모든 교육 수단에 적용되어야 한다.

초중고 빅뱅 5 : 교육부 및 교육감 폐지

필자가 제안하는 모든 대안은 공무원들의 권한 축소를 수반한다. 공무원이 학교에 대해서 행사해 오던 규제권을 획기적으로 줄이지 않는다면 학생과 학부모 중심의 교육은 이뤄질 수 없다.

교육부는 폐지하는 것이 좋다. 사실 매번 대통령 선거 때마다 나오는 이슈이지만 말뿐이다. 이번 대선 과정에서도 정세균은 민주당 대선주자 경선에서 교육부 폐지를 내세웠다. 하지만 속을 들여다보면 내용이 없다. 교육부를 폐지한다면서 국가교육위원회를 만들어서 그 기능을 옮기겠다고 했다. 국가교육위원회는 이름만 바꾼 교육부가 될 것이다. 마치 김대중 정부 시절 총무처를 폐지한다면서 중앙인사위원회를 새로 만든 격이다. 결국 지금은 인사혁신처가 되었다. 도로 총무처다. 이름만 바꾸고 사무실 옮긴다며 요란만 떨었지 달라진 것은 없다. 지금까지의 교육부 폐지론도 크게 다르지 않다.

교육부 폐지가 새로운 위원회를 만들어 기능을 옮기는 식으로 끝나서는 안 된다. 교육부의 기능 자체를 없애야 한다. 교육부의 현재 기능은 기본적으로 학교의 교육을 통제하는 일이다. 필자가 제안하는 개혁안에서 교육부가 맡을 만한 기능은 예산 배정, 기초학력 평가시험 운영, 질서정연한 폐교 관리 정도이다. 교육감의 권한도 대폭 줄여야 한다. 교육에 관한 실질적인 권한은 개별 학교로 넘기는 것이 맞다. 학교에 자유를 주고, 어느 학교가 좋을지는 학부모가 선택케 하는 것이 옳다.

대신 정부는 지금까지 하지 않았던 기능을 담당해야 한다. 학교가 제대로 작동하고 있는지 수시로 점검해서 그 정보를 학부모들에게 전달해 주는 일이다. 영국의 학교평가청^{Ofsted}이 하는 기능이다. 학교 알리미 사이트 같은 곳에 각 학교별 기본 사항과 평가 의견을 올려 둔다면 학부모의 선택에 많은 도움이 될 수 있다.

 교육 자치라는 말의 뜻도 다시 세워야 한다. 교육 자치는 원래 독재 권력이 교육에 손대지 못하게 하려고 만들어낸 개념이다. 그러나 수십 년이 지나 현실로 드러난 모습은 교육감 마음대로 지역의 교육을 주무르는 자치가 되어 버렸다. 교육 자치가 아니라 교육감 자치, 교육청 자치인 셈이다. 이에 대해서 고려대학교 교육학과 홍후조 교수는 다음과 같이 말한다.

> 우리나라는 분권, 자치라는 이름으로 교육청이 관내에서 너무 많은 역할, 비중, 기능을 수행하도록 하고 있으며 이는 권한의 남용을 낳습니다. 국가교육과정 기준 총론에서 위임, 이양한 사항을 교육청이 아닌 학교나 학교구에 주어야 합니다. 교육청의 주기능은 재정, 교원, 시설 등을 충원해 주는 '지원'에 맞추어야 합니다.[11]

 이제 교육 자치라는 말을 버리고 학교 자치로 가야 한다. 그리고 그 자치가 무책임해지지 않도록, 또 학생과 부모의 바람에 충실해지도록 학생-학부모 선택권을 병행해야 한다.

---

11 [좌담] 교육과정 운영의 자율성, 그 가능성과 한계, 에듀인뉴스, 2018.9.5. https://www.eduinnews.co.kr/news/articleView.html?idxno=9012

공무원 주도에서 학생-학부모 주도로

지난 수십 년간 창의-융합 비판적 사고 등이 간판을 내걸고 수많은 교육 개혁 시도를 했지만 모두 실패했다. 대부분 공무원 주도의 정책이었고, 그것이 실패의 가장 큰 원인이었다. 이제 그 패러다임을 완전히 바꿔야 한다. 코로나와 4차 산업혁명으로 경제의 패러다임이 바뀌듯이, 교육도 패러다임 시프트가 필요하다.

현재의 교육 개혁 패러다임은 국가와 공무원, 교사가 잘하면 된다는 것이다. 잘하기 위해서 더 많은 돈을 달라는 요구가 항상 뒤따른다. 제대로 한 것은 많은 돈을 썼다는 것뿐이다. 창의성은커녕 아이들은 여전히 입시 공부에 매달려야 한다. 수능 점수를 높이려고 EBS 교재를 놓고 문제 풀이를 되풀이해야 한다. 이것은 교육 개혁이 약속했던 것이 아니다. 새로운 시대가 요구하는 교육은 더욱 아니다.

이제 패러다임을 바꾸자. 그 핵심은 변화의 주체 자체를 바꾸는 것이다. 공무원에 맡기는 개혁은 모두 실패 했다. 이제 학교와 학부모와 학생이 변화를 주도하게 하자. 학교에 다양한 교육 실험을 할 자유를 주고, 학생과 학부모가 선택하게 하자. 선택 못 받은 학교는 문을 닫게 만들자. 지금은 학교와 교사가 공무원의 대리인이지만, 새로운 체제에서는 학교와 교사가 학생과 학부모의 대리인이 된다. 그러면 학교는 학생이 배우기 원하는 교육, 학부모도 동의하는 교육 내용과 방식을 찾아낼 것이다.

다양한 교육 모형들

8

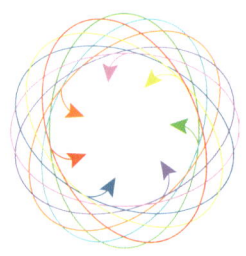

 학교에 자유를 주는 목적은 시대의 상황과 개별 학생들에 맞는 다양한 교육 모형이 나올 수 있게 길을 터주기 위함이다. 하지만 구체적인 정답이 무엇인지는 알 수 없다. 학생이 다양하듯이 적합한 교육 모형도 다양할 수밖에 없다. 다양한 실험을 통해서 좋은 교육 방법과 콘텐츠를 찾아 갈 수밖에 없다. 그러기 위해 참고할 만한 몇가지의 사례를 제시한다.

민족사관학교 : 영어몰입 수업 + 학생 주도 수업 + 한국적 예절의 조화

 파스퇴르유업 최명재 회장이 영국의 명문사학 이튼 칼리지를 모델로 해서 1996년 설립했다. 한옥에서 한복 입고 영어로만 수업하는

하는 것으로 유명하다. 민족사관고등학교의 학생들은 자신의 희망 진로와 흥미에 따라 각자의 시간표를 스스로 짠다. 없는 과목은 개설 요청을 할 수도 있다. 수업은 교과목 담당 교사의 오피스에서 5~6명 단위로 이뤄진다. 과목 이수가 학급 단위가 아닌 개별 단위로 이뤄지기 때문에 학년 개념도 없다. 어떤 과목이든 선수과목만 이수하면 입학연도에 관계없이 누구나 들을 수 있다.

재학생 468명에 교사 수는 74명, 교사 당 학생 수는 6.3명꼴이다(2021년 기준).[1] 우리나라 고등학교 평균 9.9명[2]보다 30% 정도 작다. 교사 중에는 석사가 상당수이고 스탠퍼드 등에서 박사를 받은 사람도 몇몇 있다.

모든 과목에서 사용하는 언어는 한국어가 아니라 영어다. 그런 면에서 한국인 교사, 원어민 교사의 구분이 없다. 수업 시간뿐 아니라 모든 생활에서 대화는 영어로 한다. 수업 방식은 강의식과 토론식이 병행된다. 문학, 영어, 정치 등 인문·사회 계열의 과목이나 고급·심화 과목에서는 토론식이 많다. 발표도 많아서 과목당 최소한 한 학기에 한 번은 누구나 발표를 해야 한다. 3학년이 되면 매주 모든 과목에서 발표를 할 때도 있다고 한다.[3]

---

1 https://namu.wiki/w/ 민족사관고등학교
2 e-나라지표. https://www.index.go.kr/potal/main/EachDtlPageDetail.do?idx_cd=1521
3 학생들은 그런 주를 헬위크라 부른다 한다. https://namu.wiki/w/ 민족사관고등학교

6교시 정규 수업이 끝난 후에도 다양한 활동이 펼쳐진다. 골프를 칠 수도 있고 양궁을 할 수도 있다. 주식 투자 공부를 하는 학생도 있다. 그런 활동을 뒷받침하기 위한 수많은 동아리들이 개설되어 있다.

글로벌 인재를 지향하면서도 효도와 같은 전통예절을 익히게 한다. 대표적인 것이 밤 9시에 실시되는 혼정이다. 혼정신성昏定晨省에서 따온 말인데, 저녁에 부모님의 잠자리를 살피고 아침에 문안 인사를 드린다는 뜻, 군대 내무반의 점호 비슷한 절차다. 큰 절로 인사하고 아침에 선생님이 강조한 생활 규정을 점검하며 예절을 익힌다.

교육 성과는 매우 좋다. 2020년 아이비리그$^{Ivy\ League}$ 대학 등 해외 대학에 38명 진학했다. 국내에서는 서울대 28명, 연세대와 고려대에 각각 9명씩 진학했다.[4] 참고로 이 학교의 한 학년당 정원은 165명이다.

학비가 비싼 것이 흠이다. 2020년 기준 1인당 연간 2,319만 원이다. 일반 공립 고등학교의 2배 수준이다. 학생당 교사수가 일반 학교의 1.5배 수준인 데다가 교사 급여도 다른 곳보다 높기 때문이다. 민사고 식의 교육을 하려면 비용이 비싸지는 것은 불가피하다. 그렇더라도 국공립이었다면 문제가 없었겠지만 사립이어서 귀족학교 소리를 듣는다. 민사고는 문재인 정부의 결정에 따라 2025년에 일반고로 전환하게 되었다. 학생 선발권도 사라지고 등록금도 거둘 수 없기 때문에 민사고로서의 특징은 모두 사라지게 된다.

---

4 민사고 대입실적 및 경쟁률, 강남엄마 블로그 2020.07.24. https://gangmom.kr/magazine/recommend/59225

IBDP : 학생 주도 + 논술형 시험 + 객관적 평가

교육계에서는 IB 교육에 대한 관심이 높아지고 있다. 대구와 제주교육청이 IB 교육을 추진하면서 더욱 그렇게 되었다. IB란 'International Baccaleaureat'의 약자인데 국제 학위 과정 정도의 뜻이다. 초중고등학교 과정이 모두 있는데, 그중 고등학교 과정은 졸업장^{Diplomat}을 준다고 해서 'IB DP'라고 부른다.

IB 교육은 '학생 주도 학습 + 논술형 시험 + 교차 평가'를 특징으로 한다. 수업 시간 운영에 있어 교사는 기본적인 개념만을 가르치고[5], 수업의 많은 부분을 학생 주도로 이끌어 간다. 필자가 보기에 IB 교육의 가장 큰 특징은 논술형 시험과 교차 채점을 통한 평가의 객관성 유지다. 세계의 명문 대학들이 입시에서 IB 이수자를 우대하는 이유도 거기에 있다. IB 교육은 학생 주도로 이뤄지면서도 엄격한 시험을 통과해야 한다. 진보교육감들의 소위 혁신교육이 평가를 꺼리는 것과 결정적인 차이이다. IB 교육에서의 평가는 논술형 시험으로 이뤄진다.

예를 들어 국어와 사회과학 시험은 다음과 같은 모습을 취한다. 몇 개의 답 중에서 고르는 기존 수능 문제와는 확연히 다르다.

---

[5] 왜 IB인가?_이혜정 소장_2 IB시험문제 예시, https://youtu.be/9wybHsOncys

[국어 예시 문제]

주어진 〈1. 갯마을〉과 〈2. 떠나가는 배〉 중에서 하나의 제시문만을 선택하여 문학적으로 분석하시오.

〈1. 갯마을〉

(ㄱ) 해순이의 삶에서 바다가 의미하는 것이 무엇인지 설명하시오.

(ㄴ) 서정적 분위기를 담아내는 등 문체적 특징들과 본문에서 보여지는 대조적 양상에 대하여 설명하시오.

〈2. 떠나가는 배〉

(ㄱ) 이 시에서 보이는 화자의 슬픔의 고조에 대한 분위기와 이것이 가지는 효과를 설명하시오.

(ㄴ) 1연과 4연의 반복 등 이 시의 구조적 특징을 살펴보고 이것이 작품의 이해에 어떠한 영향을 주었는지 설명하시오.

[사회과학 예시 문제]

〈30분 안에 아래 문제에 대해 자신의 생각을 표현해 주시기 바랍니다. 분량 제한은 없습니다.〉

이용자들이 박물관 데이터베이스를 활용하여 만든 리포트들은 블로그, 소셜미디어 등을 통해 공유된다. 예를 들어 어떤 리포트는 박물관 측이 특정한 성별(남, 여)이나 인종(흑인, 백인 등)의 아티스트를

---

6 [IB 04] IB 시험문제 사례, 행복한공부의신 블로그, https://m.blog.naver.com/jnan-na89/221280897759

선호한다는 충격적인 사실을 드러낼 수 있다. 또 해당 박물관이 전시 작품을 얼마나 많이 다른 곳에서 대여해 주는지, 박물관 유지 보수를 위해 얼마나 예산을 활용하고 있는지 등의 사실도 나타내 줄 수 있다. 이제 박물관 관장 입장에서 데이터베이스를 개방하는 데 따른 장점과 단점을 논해 보자.

IB 교육에 있어서 주목해야 할 점은 평가 시스템이다. 제각각인 학생들의 답안을 어떻게 채점해서 객관성을 유지할 수 있을까? 먼저 채점의 큰 원칙은 개념과 기본적인 지식의 숙지 여부에 25%를 부여하고, 나머지 75%는 얼마나 창의적 생각을 하는지에 부여한다. 한국의 수능이 기본적인 지식에 100%를 부여하는 것과 큰 차이가 난다. 채점의 객관성은 교차 채점제를 통해 해결한다. 내부 평가의 경우에 담당교사가 채점한 자료가 지역 본부로 가서 외부 채점관에 의해 검토를 거치며, 그 자료 중 일부는 국제 본부로 가서 최종 검토를 받는다. 외부평가의 경우 1차 채점관, 2차 채점관이 별도의 채점을 한다.

평가의 객관성이 잘 유지되고 있음은 IB 과정에서의 성적을 세계 유수의 대학들이 흔쾌히 받아들이고 있음을 통해 확인할 수 있다. 미국의 경우 IB 학위는 명문 대학 입학에서 상당한 메리트가 인정된다. 예를 들어 MIT의 경우 전체 지원자 중 합격률은 7.2%인데, IB 학위 소지자의 합격률은 23.1%다. 다른 대학의 경우도 합격률에서 IB 이수자는 전체 평균에 비해 최소 2배 이상의 격차를 보이고 있다. 영국 명문 대학들의 경우 IB 과정에서 얻은 성적을 국가공인 대입 자격시험인 A-Level 시험 결과보다 더 높게 인정한다. 스페인에서는 IB 학위 소지자는 국가공인 대입 자격시험인 Selectividad(또는 EvAU)를 보지 않아도 동등한 자격을 인정받는다. 그만큼 명문 대학들이 IB 과정의 교육 효과를 높게 평가하고 있음을 보여주는 증거들이다.

미국 주요 명문대학의 IB 학위소지자 합격률 현황

구 분	전체 합격률(%)	IB 교육 이수자 합격률(%)
MIT	7.2	23.1
스탠퍼드	4.7	17.0
하버드	5.1	12.2
CalTech	8.0	28.3
시카고	7.9	60.3
프린스턴	6.5	17.2
예일	6.5	14.3

자료: IB Student Acceptance Rate At The Top 25 US Universities, Crimson Education Resources, 2018(?)

우리나라에서는 경인 외고와 충남 삼성 고등학교가 IB 교육 인증을 받아 실시해왔고, 2019년부터 대구교육청과 제주교육청이 관내 학교들에 IB 과정 도입을 추진 중이다. 경북대 사범대학 부설초등학교와 부설중학교가 IB 인증을 받아 한국어로 IB 교육을 시작했다.

몬테소리 스쿨 : 자기 주도 방식 유아교육

구글과 아마존은 세계 최고의 기업들이다. 완전히 새로운 비즈니스 모형을 창조해서 세상을 바꾸었다. 이 기업들을 만들어낸 창업자 세르게이 브린과 래리 페이지(구글), 제프 베조스(아마존)는 세계 최고 부자의 반열에 올랐다. 흥미롭게도 이들은 어린 시절에 몬테소리 스쿨의 교육을 경험했다. 이들뿐 아니라 많은 창의적 인사들이 몬테소리 출신임이 밝혀졌다. 몬테소리의 무엇이 그 많은 창의적 인재를 길러 냈는지 참고할 만한 가치가 있다.

2004년 어느 날 NBC 텔레비전 스튜디오, 미국의 유명한 토크쇼 진행자 바바라 월터스가 진행하는 '가장 핫한 10인' 프로그램의 게스트는 구글의 창업자인 세르게이 브린과 래리 페이지였다.[7] 첫 질문은 성공의 원인이 교수 부모님 밑에서 자란 덕분이냐고 물었다. 래리 페이지의 부모는 둘 다 컴퓨터공학 교수, 브린의 아버지는 수학 교수, 어머니는 박사로 미 항공우주국 연구원이었으니 그렇게 생각할 만했다. 그런데 래리 페이지의 답은 뜻밖이었다.

> "우리는 둘 다 몬테소리 스쿨을 다녔어요. 그것이 사업에 큰 도움이 되었습니다. 우리는 그곳에서 무엇을 할지 스스로 찾아서 하는 것을 배웠어요. 우리 주변에서 일어나는 모든 일에 의문을 가지며 조금씩 남들과 다르게 무엇인가를 하는 습관을 들였죠."

---

[7] Peter Sims, The Montessori Mafia, Wall Street Journal April 5, 2011에서 인용. https://www.wsj.com/articles/BL-IMB-2034

브리검영 대학의 제프리 다이어 교수, 세계적으로 인정받는 IN-SEAD 경영 대학원의 핼 그레거슨 교수 둘이서 3,000명의 기업 CEO와 혁신적 기업을 창업해서 성공시킨 500개 벤처기업 창업자를 대상으로 성공의 원인이 무엇인지를 조사했다. 놀랍게도 그중의 상당수가 어릴 적에 몬테소리 스쿨을 다녔음이 밝혀졌다. 워낙 그 숫자가 많다 보니 '몬테소리 마피아'라는 이름이 붙여지게 되었다. 잘 알려진 사람들만 나열해도 여럿이다.

- 래리 페이지 & 세르게이 브린: 구글 창업자
- 제프 베조스: 아마존 창업자
- 지미 웨일스: 위키피디어 창업자
- 앤 헤서웨이: 배우, 아카데미상 수상자
- 요요마: 첼리스트

몬테소리 스쿨의 교육은 가르치기보다는 학생이 스스로 할 것을 찾아서 진행하는 방식이다. 교사는 옆에서 호기심을 자극하고 도움을 주는 정도의 역할이다. 하고 싶은 일을 하다 보니 흥미가 생기고 집중하게 되며 그것이 습관화되는 것이다.

구글의 발전 과정은 정확히 그런 방식이다. 구글은 거창한 비전을 가지고 시작하지 않았다. 그저 도서관 검색을 조금 더 잘해 보고자 이런저런 시도를 하다가 작지만 새로운 방법들을 찾아내게 되었고, 그것들이 쌓여서 구글이라는 혁명적인 비즈니스 모델이 되었다.

제프 베조스가 아마존을 만드는 과정도 비슷하다. 그는 종종 아마존의 아이디어를 개발하는 과정을 마치 막다른 골목길에서 헤매는 것에 비유하고 한다. 이렇게 해볼까? 저렇게 하면 왜 안되지? 이런 식으로 여러 가지 아이디어들을 시도해 보지만 대부분 실패로 끝난다. 하지만 그중에는 가끔씩 막다른 골목이 아닌 확 트인 넓은 대로로 이어지는 경우들이 등장한다. 그것들이 쌓여서 성공이 된다.

세계에서 가장 혁신적이고 성공적인 두 기업 구글과 아마존은 그처럼 최종 목적지를 모른 채 조금씩 조금씩 다른 아이디어들을 시도하고 실패해 가면서 진화해 온 결과물이다. 그리고 그 뿌리는 몬테소리라는 교육 방식에서 비롯되었다.

이것은 모방 추격형 경제에서의 기업들과는 매우 다르다. 모방형 경제에서는 최종 목적지가 분명히 제시된다. 우리나라가 같으면 일본 제품을 따라잡는 것이었다. 삼성전자는 소니와 도시바, 현대차는 미쓰비시와 도요타, 포스코는 신일본제철이었다. 그런 상황에서는 몬테소리 방식은 지나치게 더디고 비용이 많이 든다. 하지만 이제 우리도 더는 추격할 대상이 사라져 버렸고, 오히려 중국과 베트남 기업에 추격을 당하는 상황이 되었다. 세상에 존재하지 않는 무엇인가를 만들어내지 않으면 일본처럼 된다. 물론 몬테소리 방식이 현재의 우리나라 상황에서도 여전히 정답일지는 아무도 모른다. 하지만 하나의 대안으로 시도해 볼 만한 가치는 충분히 있다.

미네르바 스쿨 : No Campus + 긴장감 넘치는 수업 + global 생활 체험

이 학교는 물리적 교실 없이 온라인으로만 수업을 한다. 그러면서도 교육 효과는 매우 강력해서 졸업생 대부분이 세계 유수의 기업에 취업한다. 예를 들어 코로나 팬데믹 중임에도 불구하고 2021년 졸업생의 88%는 6개월 내에 세계 유수의 기업에 취업했거나 명문 대학원에 진학했다.[8] 2014년 학생 29명으로 시작했는데, 어느새 하버드보다 더 들어가기 힘든 대학이 되었다. 하버드의 입학 경쟁률이 5% 정도인데 미네르바는 2% 수준이다.

물리적 교실이 없는데도 학생들은 세계 7개 도시에 걸쳐 있는 기숙사에서 돌아가며 생활을 하게 된다. 1학년에 미국의 샌프란시스코에서 생활했다면, 2학년에는 독일이나 아르헨티나에서 생활한 뒤, 3학년은 한국이나 인도에서, 4학년은 이스라엘과 영국에서 시간을 보내는 방식이다.[9] 수업이 온라인으로만 이뤄지기 때문에 이런 방식의 생활이 가능하다.

---

8 https://www.forbes.com/sites/nelldebevoise/2021/07/29/minerva-universitys-plan-to-out-elite-harvard/?sh=6ab3c8612765
9 세계가 캠퍼스인 대학교, 미네르바 스쿨, https://www.opencollege.kr/stories/370

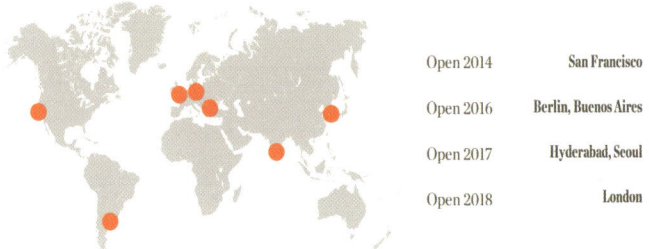

전 세계 7개 도시에 걸쳐 있는 미네르바 스쿨의 학생 숙소

Open 2014   San Francisco
Open 2016   Berlin, Buenos Aires
Open 2017   Hyderabad, Seoul
Open 2018   London

자료: https://www.minerva.edu/undergraduate-program/global-experience/

  온라인으로만 이뤄지는 수업의 정원은 최대 18명이어서 한 화면 속에 모든 학생들의 반응을 확인할 수 있다. 수업은 교수의 강의가 아니라 교수가 문제를 제시하고 학생들이 토론을 통해 해결하는 과정이다. 기초적인 문헌은 수업 전에 각자 읽어 와야 한다는 의미에서 '거꾸로 학습 Flipped Learning 방식'이기도 하다. 온라인으로만 이뤄지는 데도 수업은 긴장감이 넘친다. 졸업과 동시에 세계 유수의 기업에 취업한다는 사실은 그 수업의 효과가 뛰어남을 입증해 준다.

  학비는 하버드, 예일 등 아이비리그 대학의 1/4 수준으로 매우 저렴하다. 이 대학의 설립 및 운영 비용은 수익을 기대하는 민간 투자자들로부터 조달되었다. 우리나라의 카카오도 이 학교에 투자했다. 이 학교는 비영리 법인임에도 불구하고 민간 투자가 이뤄지는 것은 계열사인 미네르바 프로젝트가 메니르바 스쿨 운영을 통해서 만들어지는 소프트웨어와 운영 노하우 등을 다른 학교나 기관들에 제공하고 수익을 창출하기 때문이다.

에콜 42 : 교수 없는 학교

'에콜 42'는 컴퓨터 프로그래밍 학교다. 365일 24시간 열려 있지만 학교를 가든 안 가든 학생 마음이다. 학교이지만 교수도 없다. 스스로 문제를 해결하는 것이 이 학교가 교육하는 방식이다. 매일 아침 8시 42분에 각 학생에게는 해결할 문제가 주어진다. 실생활에서 부딪힐 만한 문제들이다. 문제를 받으면 48시간 안에 해결책을 내놓아야 한다. 해결책의 타당성에 대한 평가는 동료들에 의해 이뤄진다. 'Ecole 42'는 프로젝트 기반 수업인 동시에 동료 간 학습이다.[10]

프로그램의 인기가 높아지면서 여러 나라로 퍼져 나가게 되었다. 한국에도 '42 서울' 이라는 이름으로 'Ecole 42' 한국 버전이 운영 중이다. 과기정통부가 Ecole 42 모형을 돈을 주고 들여왔다고 한다. 2년 과정이며, 합격하면 전액 무료로 다닐 수 있다.

'에콜 42'의 창업자는 자비에 니엘 Xavier Niel인데 자기 회사 직원 교육을 위한 프로젝트를 하다가 일반인을 위한 일종의 학교로 발전하게 되었다. 기존 주입식 학교 교육에 실망한 결과다. 즉 누군가 교단에 서서 가르치는 방식은 틀렸으며 각자 알아서 터득할 필요가 있다는 철학이다.

---

10   https://qz.com/1054412/a-french-billionaires-free-teacher-less-university-is-designing-thousands-of-future-proof-employees/amp/

프랑스에서도 그렇지만 우리나라에서도 이 학교의 인기는 매우 높다. '서울 42'의 경우 2020년 1월, 2년 과정 학생 250명 모집에 11,000명이 응모해서 44 대 1의 경쟁률을 보였다.[11] 많은 지원자가 몰린 이유가 학비가 무료라는 이유 때문만은 아닌 것으로 추정된다.

---

11 https://www.joongang.co.kr/article/23682346#home

학부모가 나서라

목표는 학생 맞춤형 교육

 도달해야 할 목표는 분명하다. 과거에 갇힌 교육이 아니라 미래로 열린 교육, 교사가 일방적으로 강의하는 획일적 교육이 아니라 학생 개인 맞춤형 교육, 지식 주입 대신 창의적 사고 자극형 교육이다. 이런 목표에 반대하는 사람은 거의 없을 것이다. 지난 30년 가까운 교육개혁들 중 상당수는 이런 방향을 지향했다. 1995년 김영삼 정부가 교육개혁을 시작한 이후, 수많은 정책을 시도했지만 대부분 실패했다. 교육재정이 여러 배로 늘고, 학교 시설이 좋아지는 등 외형은 좋아졌지만 교육의 실질적 내용은 여전히 획일석이나. 입시지옥도 여전하다. 그 교육을 마친 한국 청년들이 예전보다 창의적이 되었거나 세계에 더 열린 자세가 되었다는 조짐도 보이지 않는다.

회의를 수없이 하고 많은 돈과 노력을 쏟아부었음에도 교육개혁은 실패했다.

 근본 이유는 반대 세력들의 저항을 이겨내지 못했기 때문이다. 모든 개혁은 기득권의 포기를 요구한다. 기존 제도 속에서 일하면서 인생의 의미를 찾고 돈도 벌던 사람들의 그 자리를 개혁이 뺏어가 버린다. 고통스럽지만 개혁을 하려면 불가피한 현상이다. 그리고 반대와 저항이 뒤따른다. 그 반대를 극복해야만 개혁이 가능해진다. 우리나라의 교육개혁 추진자들은 기득권의 저항을 극복하지 못했다. 교사들의 반대, 전교조와 교총의 반대, 대중의 편견에서 비롯된 저항을 이겨내지 못했다.
 개혁에 성공하려면 저항을 극복할 힘이 반드시 필요하다. 개혁을 밀고 나갈 강력한 세력을 확보해야 한다. 마지막 희망은 학부모들이다. 그들은 교육개혁의 방관자에 머물러 있었다. 학부모가 전면에 나서지 않으면 어떤 교육개혁도 공염불이 되고 말 것이다.

 내 밥그릇은 못 놔! 교육개혁 실패사

 지난 30년 가까운 기간 동안 시도되었던 교육개혁 정책들은 대부분 소기의 성과를 내지 못했다. 가히 흑역사라는 딱지가 붙을 만하다. 다양한 시도들이 왜, 누구 때문에 실패하게 되었는지 살펴보자.

교육 개혁 어젠다에 따른 반대 세력들

개혁 어젠다			반대 세력
미래 산업 대응 교육	대학 첨단학과 정원 확대	기존 정원 내 조정	비인기 전공 교수
		총 정원 확대	지방대학, 시도지사 등 지방정치인, 지방 주민
	일반 대학 온라인 학위 과정 개설		사이버 대학
	초중고 SW 교육 확대		기술 가정 담당 교사, 사범대학 관련 교수
학교 다양성, 학생 선택권 확대	자율형 사립고		진보세력 대부분
	단위학교 자율성-다양성 확대		일선 교사 (겉으로 환영, 속으로는 부적응)
	고교 학점제		전교조, 교총
	사립유치원 자율성		학부모, 국민 대부분
국제화-개방	영어 몰입 교육		전교조, 교사 대부분 반미세력
	IB DP 과정 도입		전교조, 교총(제주)
	교육 개방(국제학교)		진보세력 전체
교육 책임성 정립	교원 평가		전교조, 교총
	전수 학력 평가		전교조, 교총

대학 첨단학과 정원 확대 실패: 대학의 정원 문제도 학부모가 나설 때에 비로소 해결될 수 있다. 수도권 대학들이 컴퓨터공학, 반도체, AI 등 첨단 전공을 늘리지 못하는 것은 기득권 세력이 이 분야의 정원 확대를 막고 있기 때문이다. 첫 번째는 비인기 학과 교수들의 저항이다. 학교의 정원이 고정된 상황에서 컴퓨터 관련 학과의 정

원을 늘리거나 새로운 과를 신설하게 되면 인기 없는 전공들의 정원을 줄여야 한다. 비인기학과의 대표격인 독일어교육과와 불어교육과를 예로 들어보자. 이 학과 졸업생들은 대부분 중고등학교의 제2외국어교사였는데 수요가 없다 보니 지난 10년 넘게 교사 선발이 거의 없었다.[1] 그렇다면 과를 폐지하는 것이 순리이겠지만 이들 학과의 정원은 그대로 유지되고 있다. 해당 학과 교수들의 반대가 극심한 데다가 다른 학과 교수들도 굳이 그들과 얼굴을 붉혀가며 싸워서 좋을 것이 없기 때문이다. 반대 세력의 저항은 극렬한데 추진하는 세력은 '아니면 말고 식'이다. 그래서 구조조정을 수반하는 유망 학과 정원 확대는 늘 무산된다. 존재 이유가 사라졌음이 명백한 이런 학과의 정원도 줄이기 어려운 상황이니 다른 학과는 어떨지 짐작할 수 있을 것이다. 첨단 산업 관련 학과에 더 많은 신입생을 받기 위해 다른 전공의 정원을 줄이는 것은 실질적으로 불가능한 일이다.

 학교의 정원 자체를 늘리면 되지 않는가 반문하는 분들도 많을 것 같다. 맞다. 총 정원에 구해 받지 않는다면 구조조정 없이 필요 전공의 정원을 늘리면 될 것이다. 하지만 수도권 대학들은 그렇게 할 수 없다. 수도권정비계획법에 의해서 40년 전 상태로 정원이 묶여 있다. 그러다 보니 한쪽의 정원을 늘리자면 다른 전공의 정원을 줄여야 하는데, 위에서 설명한 대로 기득권의 저항에 막혀 움쩍달싹할 수 없는 지경이 된다.

---

1 https://www.mk.co.kr/news/society/view/2021/04/360863/

법을 개정해서 규제를 풀어주면 되지 않겠는가? 실제로 더불어민주당은 반도체 인재의 육성을 위해 '국가핵심전략산업특별법'에 반도체 관련 학과는 수도권 대학이라도 정원을 풀어주는 법 개정을 시도했다. 하지만 결국 그 조항이 빠진 채로 법이 통과되었다.[2] 지방의 반대 때문이었다. 지방 대학들, 지방의 국회의원들, 지방 주민들이 모두 반대했다. 수도권 대학 정원이 늘면 지방 대학이 어려워진다는 것이 가장 큰 반대 이유다. 결국 180석을 가진 더불어민주당조차도 그 반대에 굴복하고 말았다. 현재의 세력 구도 하에서는 수도권 대학에 첨단학과를 신설하거나 정원을 늘리는 일은 불가능하다. 이 교착 상태를 깰 수 있는 유일한 세력은 학부모들이다. 그냥 학부모가 아니라 각성된 학부모, 정치적으로 적극적인 학부모가 필요하다.

초중등학교 SW 교육 확대 실패: 같은 성격의 저항이 초중등학교의 SW 교육 확대 정책도 좌절시켰다. 박근혜 정부는 초중등학교에서의 SW 교육 확대에 많은 공을 들였다. SW 교육을 정규 과목으로 승격시킬 계획을 세우고 예산도 많이 책정했다. 대통령이 직접 나서서 챙겼음에도 불구하고 기존 실과 과목에 17시간 늘리는 데에 그쳤다. 초등 6년 동안 17시간이다. SW 교육 확대로 인해서 입지가 줄어드는 기술 및 가정과 교사들, 그리고 사범대학의 관련 교수들의 저항 때문이었다. 그들의 교육부에 대한 영향력이 막강했다. 기존 교사들의 저항을 극복하지 못한다면 앞으로도 초중등학교에서 새로운 교과목을 교육하기는 불가능하다.

2　https://www.sedaily.com/NewsVIew/22RHL3OO9N

일반 대학 온라인 학위 과정 신설 반대: 대학의 온라인 학위 과정 신설 역시 기득권의 강력한 저항에 부딪혀 있다. 교육부는 6개 대학에 대해 2022년부터 일반 대학에 온라인 학위 과정을 개설할 수 있도록 허가를 해 주었다. 코로나19를 겪으면서 온라인 활동에 익숙해진 사람들이 많아졌기 때문에 온라인 학위 과정을 원하는 학생들도 많아질 것으로 보인다. 하지만 앞으로 이것이 보편화될 수 있을지에 대해서는 의문이다. 기존 사이버대학들의 강력한 반대가 시작되었기 때문이다. 사이버 대학들의 협의체인 〈한국원격대학협의회〉는 2021년 6월 모임에서 일반대의 온라인 학위 과정 허용 계획의 철회를 강력히 요구한다고 성명을 발표했다. 기득권 보호에 익숙한 우리나라 공무원들의 행정 관행에 비추어 볼 때 이 같은 반대는 상당한 효력을 가질 것으로 보인다.

학교 자치를 통한 학생 맞춤형 교육 실패: 학생 맞춤형 교육 역시 구호는 요란했지만 이뤄진 것은 많치 않다. 저항 때문이다. 학교의 자율성 강화에 대해서 생각해 보자. 단위 학교 자율성 확대를 위한 제도 개혁은 1995년 소위 '5.31 교육개혁'부터 본격화되었다. 획일적 교육을 벗어나 현장에서 학생 맞춤형 교육이 이뤄지길 바랐기 때문이다. 하지만 이것은 현장의 교사들에게는 양날의 칼과 같았다. 상부의 간섭이 줄어드는 것은 좋지만, 학생 맞춤형 교육은 교사를 힘들게 만든다.

교사-학생 사이가 아니더라도 나를 상대방에게 맞추는 일은 어렵다. 일방적 강의에 익숙해져 있는 교사들이 개별 학생에게 맞추는 것은 더욱 어렵다고 봐야 한다. 학생 맞춤형 수업이 되려면 교사는 아이들 각자가 수업 내용을 아는지 모르는지 확인을 한 후, 각 학생의 사정에 맞게 가르쳐야 한다. 기존의 일방적 강의에 비해 몇 배는 더 많은 노력을 필요로 할 것이다. 웬만한 사명감이 아니면 그런 수고를 견뎌 내기 쉽지 않다. 현장에서 열린 교육을 이끌었던 최용환 교사는 교육개혁이 실패하는 과정을 다음과 같이 묘사했다.

> 교육행정가와 교사 모두 '열린 교육'의 속성을 바르게 이해하지 못했습니다. 먼저 교사의 아동관과 교육과정관을 바꾸어야 했습니다. 교사의 아동관과 교육과정관은 전통적 학습에서 굳은 채로 그대로 두고 '열린 교육' 흉내를 내니 교육다운 교육이 될 리가 없습니다. … 교사는 그저 흉내 내기에 바빴습니다. 워크숍에 참가하고, 배운 것을 그대로 교실 현장에 적용하려 했지만 아이가 다르고, 환경이 다른데 그대로 적용될 턱이 없었습니다. 양심에 가책을 느끼면서도 흉내를 냅니다. '이게 아닌데' 하면서… (여기서 열린 교육은 학생 중심 교육과 유사한 개념이다. 저자 주)[3]

---

[3] 최용환 토론문, 5 . 31 교육개혁의 성과와 전망에 관한 세미나- 교육과정 . 교수학습 교육평가를 중심으로, 한국교육과정평가원, 2010.10.19.

사정이 이렇다 보니 학생 맞춤형 교육은 구호로만 끝나고 만다. 교육과정 구성에 자유를 주더라도 과거에서 크게 벗어나지 않는다. 대부분의 교사들은 인센티브에 반응할 수밖에 없다. 바꿈에 따른 이익이 엄청나게 크거나 반대로 바꾸지 않음에 따른 불이익이 만만치 않을 때 비로소 현장에서 변화를 위한 노력이 시작될 것이다. 하지만 그건 매우 고통스러운 일이다. 그래서 교사들은 교원평가제를 거부해왔고, 성과급마저도 동일하게 나누게 되었다. 이런 상태를 벗어나게 할 세력은 학부모밖에 없다.

고교 학점제 반대: 현재의 초중등학교 수업은 학급 단위로 이뤄진다. 선택과목이 존재하긴 하지만 대부분 학교가 선택의 주체여서 학생이 선택할 여지는 매우 제한되어 있다. 고교 학점제는 학생이 학급을 떠나 자신이 원하는 과목을 선택해서 들을 수 있게 하는 제도이다. 대학생처럼 과목을 택하고 학점을 취득하는 방식이다. 학생 맞춤형 교육의 성격을 크게 강화할 수 있는 제도이다. 자립형 사립고의 상당수가 이미 해오고 있는 제도인데, 교육부는 2025년까지 모든 일반 고등학교에 대해서 고교 학점제를 시행하겠다고 발표했다. 하지만 교원단체인 전교조와 교총이 모두 이 제도에 대해서 반대 입장을 분명히 밝히고 있다. 학점제를 할 준비가 부족하다는 것이 내세우는 이유이다. 준비가 부족한 것은 사실이다. 한국교육개발원과 한국교원대 연구진의 2020년 연구 결과에 따르면 전국의 모든 학교에서 학

점제를 시행하기 위해 88,106명의 교사가 더 필요하다고 한다.[4] 그런데 완벽한 준비가 되는 날이 오게 될까? 그날이 오면 교사들이 학생 중심 수업을 원하게 될까? 그리 긍정적이지 않다. 영어 몰입 교육을 좌절시켰을 때도 교사들은 준비 부족을 내세웠다. 그리고 그 후로 준비에 전혀 노력을 기울이지 않았다. 준비 부족은 이 제도를 좌절시키기 위한 핑계에 불과했다. 고교 학점제에 대한 반대도 그럴 가능성이 높다. 이 반대를 무릅쓰고 학생의 선택권 확대를 밀어붙일 가장 확실한 세력은 그 학생들의 부모들이다.

자율형 사립고 폐지 정책: 자율형 사립고(자사고)는 학교 다양화 및 학생 선택권 확대를 구현한 한가지 방식이다. 자율형 사립고의 상당수는 오래전부터 이미 고교 학점제를 시행해오고 있었다. 학교마다 고유의 특성도 갖추게 되었다. 일반고만 있다면 모든 학생은 거주 지역 학군 내 학교로 강제 배정되었을 것이다. 자사고 등이 있음으로 인해 학생은 선택권을 행사할 수 있고, 학교들은 그 선택을 받기 위해 저마다의 프로그램을 개발해 왔다. 그런데 자사고 폐지는 진보세력의 중요한 어젠다가 되어 있다. 급기야 문재인 교육부는 자사고 폐지를 공식화하기에 이르렀다. 자사고와 학부모들들이 제기한 재판에 막혀서 잠시 주춤해 있지만 언제든 기회만 되면 공격은 다시 시작될 것이다. 학교 서열화, 고교 학점제의 장애요인 등 여러 가지 이

---

[4] 주당 수업시수 12.0시간/학급당 학생 14명 기준. 권택환, 고교학점제, 제대로 시행될 수 있을까, 에듀프레스 2022.02.21 http://www.edupress.kr/news/articleView.html?idxno=8668&page=2&total=103

유를 들고 나오지만 이유가 무엇이든 자사고가 폐지되면 학교 다양성과 학생 맞춤형 교육도 그만큼 퇴색할 것이다.

사립유치원의 다양성-자율성 파괴: 사립유치원은 학생 맞춤형 교육, 다양성 교육이 가장 왕성하던 교육 영역이었다. 몬테소리 방식, 발도르프 방식, 자연생태숲유치원, 프로젝트 수업 방식 등 유치원마다 제각각이라고 해도 좋을 정도로 매우 다양한 교육방식이 제공되어 왔다. 학부모의 선택을 받기 위해 노력하다 보니 유아 맞춤형 교육의 모습을 갖추게 되었다. 2012년 5세 아이에 대한 학비 지원이 대폭 확대되면서 유아교육 생태계가 파괴되기 시작했다. 지원금이 제대로 쓰이는지 감시한다는 명분 하에 획일적 교육 과정이 강요되었다. 학생 맞춤형이던 교육이 획일적 교육으로 퇴행되어 왔다. 초기에는 교육감, 교육공무원과 국공립 유치원 교원들이 시작했고, 2017년 이후에는 박용진을 비롯한 민주당 국회의원들, 그리고 '정치하는 엄마들'이라는 여성단체가 가세했다. 이 과정이 언론에 대서특필 되면서 대다수의 국민 여론까지 가세했다. 이 세력의 압력에 밀려 가장 다양하고 학생 맞춤형이던 사립유치원 교육은 국공립 유치원처럼 획일적 교육으로 변해 가고 있다.

영어교육 강화 반대: 가장 눈에 띄는 영어교육 강화 관련 정책은 이명박 시절의 영어몰입 수업과 문재인 정부의 방과후 수업 금지 조치이다. 영어몰입 수업이란 수학, 과학, 사회 같은 과목들도 영어로 진

행하는 것을 말한다. 이명박 대통령 때 계획을 발표했지만 교사들의 강력한 반대에 막혀서 제대로 시작도 못해보고 좌절되었다. 당시에는 대부분의 교사들이 반대했었다고 봐도 될 것이다. 2008년 1월 교원단체인 한국교총이 교사 910명을 대상으로 조사한 바에 따르면 응답자의 60%는 반대했고, 찬성은 16.6%에 불과했다.[5] 반대가 찬성의 거의 4배에 달했다.

　유치원 및 초등 저학년 영어 수업 금지와 관련해서는 어릴 적에 영어 교육에 치중하다 보면 모국어를 제대로 못 익히게 된다는 이유가 등장하곤 한다. 하지만 그것은 영어 수업 금지를 정당화하기 위한 핑계로 보인다. 영어는 금지하면서 같은 시간에 중국어 수업은 허용되는 것을 보면 그렇다. 〈한국유아교육신문〉이 교육부에 영어는 금지하면서 중국어는 허용하는 이유를 문의했다. 영어는 선행 교육 과열 정도가 높지만 중국어는 낮기 때문이라는 것이 답변이었다.[6] 하지만 초등영어교육 금지 이후로 영어학원에 다니는 아이들이 더욱 늘고 있고 교육부가 그것을 예상 못했을 리 없다. 결국 학교에서 초등영어교육 금지의 배경에는 미국 중심의 서방세계에 대한 정서적 반감이 작용하고 있음이 분명하다. 조금 더 나아가 어쩌면 진짜 이유는 미국을 비롯한 서방세계와 너무 친해지는 것을 막기 위함일 수도 있다.

5 　교사 60%, "영어 수업 확대 반대" KBS 뉴스 2008.01.27. https://news.kbs.co.kr/news/view.do?ncd=1499934
6 　[르포] 방과 후 수업..영어 자리 꿰찬 중국어. 한국유아교육신문 2018.03.05. http://www.kindernews.net/news/articleView.html?idxno=46

IB 교육 과정 도입 반대: IB 교육이란 국제 바칼로레아 협회에서 제공하는 프로그램에 따르는 교육을 말한다. 정해진 내용을 정해진 스케줄에 따라 강의하는 획일적 주입식 교육이 아니라 학생이 제기하는 주제를 가지고 토론식으로 진행되는 교육이다. 기존 교육보다 훨씬 학생 맞춤형이고 학생의 사고를 자극한다. 또 평가는 논술형으로 이뤄지며 2명 이상의 채점자에 의한 교차 채점을 통해 평가의 객관성도 유지한다. 세계 유수의 대학들이 학생 선발에서 IB의 평가 결과를 신뢰하는 이유가 거기에 있다. 현재는 경기외고와 충남 삼성고가 시작했고 대구와 제주도에서는 한국어판 IB 교육을 곧 시작할 예정이다. 여기에 대해서 교사 단체인 교총과 전교조는 반대 입장을 분명히 밝혔다. 2018년 11월 전교조는 제주교육청에 IB 교육 도입의 중단을 요구하는 성명서를 냈다.[7] 2019년 4월에는 제주교총도 반대 성명을 냈다.[8] 영어 교육에 이어 IB 교육을 확대하는 데에도 교사는 큰 저항 세력이 되어 있다.

교육개방-국제학교 확대 반대: 교육개방은 외국의 학교들이 국내에 학교를 설치할 수 있게 됨을 말한다. 교육개방은 노무현 정부 때부터 본격적으로 논의되었고 반대도 극심했다. 진보세력 전체가 반대했고 보수 쪽에서도 상당 부분 반대한 것으로 보인다. 거의 농산

---

7 전교조 "제주교육청 IB 공교육 도입 중단해야" 연합뉴스 2018.11.28. https://www.yna.co.kr/view/AKR20181128068500056
8 한국어 IB교육 프로그램' 전격 도입에 따른 제주교총의 입장, 미디어제주 2019.04.25. http://www.mediajeju.com/news/articleView.html?idxno=315932

물 시작 개방과 비슷한 반응이라고 봐도 될 것 같다. 결국 개방은 실질적으로 좌절되었고 일부 국제학교만 개설이 허가되었지만 제주도 국제학교 사태에서 보듯이 그것조차 여의치 않다. 외국 학교의 국내 진출은 대부분 국민이 반대하는 것으로 보는 것이 맞는 것 같다.

교원 평가 반대: 학교 자율화와 늘 같이 다니는 정책이 교원 평가다. 자유는 책임을 수반하기 때문이다. 교원 평가는 교사들이 가장 싫어한다. 전교조도, 교총도 모두 반대다.

전수 학력 평가 반대: 학생들의 학력은 교육의 중요한 결과다. 교육이 제대로 되었는지의 여부를 확인하는 데에 학력 평가는 중요한 수단일 수밖에 없다. 하지만 이것 역시 교사들이 싫어한다. 전교조, 교총 모두 반대 입장을 분명히 밝히고 있다.

남의 자식 끌어내리기에서 내 자식 잘 가르치기로

개혁을 실패하게 만드는 요인 중 교사의 기득권 지키기만큼이나 중요한 것이 부모들의 비뚤어진 이기심이라고 생각한다. 내 아이만큼은 잘 되게 하고 싶다는 욕심이 남의 아이를 끌어내리고 싶은 음침한 마음으로 이어진다. 정치인들은 그 마음을 채워주는 정책을 만들어 표를 얻어 왔다.

진보교육감들이 제일 앞에 내세우는 '학력격차 해소'라는 것이 대표적이다. 학력격차란 뒤처진 아이가 있음을 뜻한다. 그 부모들은 당연히 마음이 상한다. 이성적으로 생각하면 뒤처진 아이들의 학력을 높여주는 것이 옳지만, 그것은 매우 어렵다. 교육정책을 바꿔서 공부 못하는 아이의 성적을 올려줄 수 있다면 애초에 성적 부진아는 존재하지 않았을 것이다. 이런 상황에서 학력격차를 없애는 가장 쉬운 방법은 시험을 없애는 것이다. 또 공부 잘하는 아이끼리 모이는 명문학교를 없애는 것이다. 혁신학교들이 시험 보는 것을 게을리하고, 조희연 교육감 같은 사람이 자사고를 폐지하려는 것은 다 그런 맥락 속에 들어 있다. 평준화, 영어 금지, 수도권 대학 정원 확대 금지 등도 모두 마찬가지이다.

  하지만 부모의 욕심은 거기서 그치지 않는다. 남의 아이는 묶어 두면서도 내 아이는 잘 가르치고 싶어한다. 그래서 사교육을 시킨다. 교육정책으로는 남의 아이를 끌어내리고 내 돈 들인 사교육으로는 내 아이를 잘 가르치려 한다. 한국 부모의 이 같은 모순적이고 부도덕한 태도의 결과는 공교육의 황폐화로 나타났다. 남을 끌어내리는 학교에서 공부가 제대로 될 리 없다. 학교는 방과 후의 학원 공부, 사교육을 위해 체력을 비축하는 곳으로 전락했다.
  전교조가 전국 49,084명의 교사를 대상으로 조사를 했는데, 수업시간에 잠자는 학생이 있는가라는 질문에 7.3%만이 거의 없다고 답했다. 잠자는 학생 10% 이내는 28.3%, 10~30%는 41.8%, 30% 이상도 22.0%나 됐다[9]. 학생 1인당 1,400만 원 가까이 투자해서 고등학교를 운영하는데 정작 학생들은 그 시간 그곳에서 방과 후 사교육을 위한 체력을 비축한다며 잠을 잔다. 혈세의 낭비이고 무엇보다 아이들에게는 황금 같은 시간의 낭비이다.

학교에서 뭘 배우든 크게 문제가 안되는 시절에는 그래도 괜찮았다. 지루한 시간을 견뎌내는 경험도 괜찮았다. 직장에도 그런 상사들이 즐비했기 때문이다. 일제 모방품을 만들어내는 공장에서는 오히려 대꾸 없이 시키는 대로 하는 직원이 더 필요했다. 하지만 이제는 경제 상황이 완전히 달라졌다. 예전처럼 할 수 있는 일은 베트남과 방글라데시 사람들의 몫으로 이미 넘어갔다. 이러다가는 모든 아이들이 부적응자인 채로 사회에 나가게 된다.

부모가 자기 아이를 각자 알아서 가르친다면 이럴 리가 없다. 이제 과거의 그 음침한 마음의 습관을 버릴 때가 됐다. 남의 아이 끌어내리려 말고 내 아이 잘 가르치는 데에 집중해야 한다. 학교에 자유를 주고 학생과 학부모가 학교를 선택하게 하면 그렇게 된다. 그 일을 해낼 수 있는 힘은 학부모에게만 있다.

---

9 교육이 가능한 학교 만들기 10만 교원 조사사업 발표 기자회견, 전교조, 2020.05.12
   https://www.eduhope.net/bbs/board.php?bo_table=maybbs_eduhope_4&wr_id=218972&sfl=wr_subject&stx=10%EB%A7%8C&sop=and&menu_id=2010

학부모밖에 없다

 수많은 개혁 시도들이 실패로 끝난 이유는 그로 인해 손해를 보게 되는 사람들이 개혁을 무력화하기 위해 저항하기 때문이다. 개혁을 시도하는 사람들이 그 저항을 넘어설 정도의 열의를 가지고 있지 않기 때문이다. 소위 개혁 주도세력이라는 사람들도 사실 이해관계로 보면 제3자일 경우가 많아서, 개혁이 성공하더라도 큰 이익을 얻을 것이 없다. 특히 사명감 때문에 추진하는 개혁이라면 성공하더라도 심리적 만족감 정도의 이익을 얻을 수 있을 뿐이다.
 개혁으로 인해 가장 큰 이익을 얻을 사람은 학생과 학부모이다. 소프트웨어 관련 전공이 늘어날 때 가장 큰 이익을 얻을 사람들은 늘어난 학교, 학과에 들어가 교육을 받고 졸업할 수 있게 되는 학생이다.

 단순하게 생각하면 자신들을 위한 개혁인 만큼 학생의 부모가 나서서 추진하는 것이 가장 자연스럽다. 하지만 현실적으로는 그렇지 못하다. 교육개혁이라는 활동이 학부모가 나서기 쉽지 않은 구조이기 때문이다. 이런 활동은 많은 시간과 정신적 에너지를 요구한다. 편안한 삶을 포기해야 하거나 다른 일을 해서 돈 벌 기회를 날릴 수도 있다. 또 그렇게 한다고 해서 성공하리라는 보장도 없고, 성공해도 그 이익이 자기 아이에게 돌아오리라는 기약이 없는 경우도 많다. 잘못하면 대중으로부터 손가락질이나 당하기 십상이다.

그렇기 때문에 학부모의 교육에 대한 관여는 내 아이와 직접 관련이 되는 사안으로 국한되곤 한다. 내 아이가 다니는 학교 앞의 교통정리를 한다든가 급식을 도와주는 등의 일이다. 정책 변화를 위한 학부모운동은 오히려 학생의 이익에 배치되는 방향으로 이뤄질 때가 많다. 현 단계의 학부모 운동 현실에 대해서 살펴보자.

학부모 운동의 현실

우리나라에서 벌어져 온 학부모 운동을 개별 학교 단위와 전국 단위의 것으로 구별해서 살펴보자. 개별 학교 수준의 운동으로는 자율형 사립고 폐지 반대 운동과 혁신학교 지정 반대 운동을 들 수 있다. 2019년 7월 1일, 〈서울시 자율형 사립고 학부모연합〉은 회원 3만 명의 '재지정 평가 반대' 서명을 서울시 교육청에 제출했다. 문재인 정부의 자사고 폐지 정책 항거 목적의 학부모 모임이다. 자녀의 학교가 사라질 위기를 막겠다는 절박감은 있지만 전업 운동가가 없기 때문에 행동력이 부족하다. 이후 더 이상의 활동은 없는 것으로 보인다.

2019년 7월 23일 강서구의 마곡지구 내 한 아파트 단지 내 뜰에서는 〈마곡 2중 예비 혁신 반대 추진 위원회〉 소속 학부모들이 기자회견을 가졌다.[10] 새로 생기는 마곡 2중을 혁신학교 말고 일반 중학교

---

10 https://www.newspim.com/news/view/20190723000086

로 만들어 달라는 요구가 이어졌다. 주민들을 대상으로 설문조사를 했는데 57.9%의 학부모가 참여해 86.6%가 반대했다는 결과도 발표했다. 혁신학교가 되면 아이들의 학력이 떨어질 것이라는 우려 때문이다. 이 모임 역시 후속 활동이 언론에 나오지 않고 있는 것으로 보아 1회성 모임인 것으로 보인다.

이처럼 개별 학교 수준에서의 학부모 운동은 대부분 1회성, 아마추어 성격이 강하다. 더욱 주목해야 할 점은 이들 시위 참가 학부모들이 대부분 얼굴을 가리고 있다는 사실이다. 자신의 신분이 노출되는 것을 꺼리기 때문일 것이다. 이는 부모가 자식의 이익을 위해 기존 제도에 반대할 때 감수해야 할 불이익이 상당함을 말해 준다. 우리나라에서는 자녀의 이익을 위한 학부모 운동을 하기가 매우 어렵다.

전국 단위 학부모 단체로서 가장 영향력 있는 곳은 진보계열의 〈사교육걱정없는세상(사걱세)〉와 〈참교육학부모회〉, 그리고 보수계열의 〈공교육살리기학부모연합(공학연)〉인 것으로 보인다. 사걱세는 학부모 단체와 교사단체가 합쳐져서 출발했다. 문재인 정부에 들어서 막강한 영향력을 행사하는 것으로 알려져 있다. 교육부 위에 청와대, 청와대 위에 〈사걱세〉라는 말이 나돌 정도라고 한다.[11] 대표적 주장으로는 자사고 등 특목고 폐지와 대학 입시에서 수능 영향력 축

---

11 https://www.donga.com/news/article/all/20170804/85679083/1#csidx79c89b8d-c622dd5b149ee069abfd2ee

소가 있다. 고교 학점제, IB 교육 도입 등에 대해서는 적극적 찬성이다. 즉 학교에 대한 선택권은 폐지하되 학교 안에서의 선택권은 늘리자는 정도의 입장인 것으로 해석될 수 있다.

 유아교육 분야에서는 〈정치하는 엄마들〉이 사립유치원 사태와 관련해서 막강한 힘을 발휘했다. 2017년 박용진 의원과 연합해서 사립유치원 때리기 사태를 주도했다. 이들은 사립유치원을 실질적으로 국공립화하는 등 국공립 유치원 확대를 추구한다. 평등을 최선의 가치로 삼고 있는 것으로 보인다. 〈사격세〉와 〈정치하는엄마들〉이 진보진영 학부모단체라면, 보수진영 단체로는 〈공교육살리기학부모연합〉, 〈전국학부모연합〉이 있다. 전교조 저지 운동, 동성애 교육 반대 운동 등에 주력하면서 교육다양성이나 사립 학교 자율성 지지 성명도 발표했다. 사회적 영향력 면에서 이들은 〈사격세〉나 〈정치하는엄마들〉에 미치지 못한다.

 좌파단체들의 영향력 큰 이유는 학부모들의 지지가 많기 때문이라고 봐야 할 것이다. 학부모들은 왜 좌파단체에 더 많은 지지를 보낼까? 사적 이익 추구를 나쁜 것으로 보는 관점 때문이다. 경쟁이 나쁘고 평준화는 좋다는 프레임 때문에 사립 학교를 공영화하고 튀는 교육을 해서는 안 된다는 주장이 나온다. 하지만 그 같은 평등지상주의는 자사고와 사립유치원을 소멸시킬 것이다. 남은 국공립 유치원과 학교들이 펼칠 교육은 보나 마나 획일적 교육, 국가가 강요하는 교육일 것이다. 그것은 아이와 학생들에게 최악의 결과가 될 것이다. 학부모가 이렇게 되기를 바랄 리 없지만 현재의 학부모는 어쨌든 그렇게 하자는 학부모 운동을 더 많이 지지한다.

현재의 학부모 운동은 구조적으로 모순을 안고 있다. 아이를 위해서 참여하는 운동이 결국 아이에게 해로운 결과를 가져다주게 되니 말이다. 근본 이유는 학부모 자신이 교육에 대해서 모순된 인식을 가지고 있고 때문이다. 우리나라의 교육이 미래에 대해서 열리고, 학생 맞춤형이 되려면 학부모가 나서야 하지만 인식부터 바꾼 상태에서 나서야 한다. 현재의 인식으로는 〈사걱세〉나 〈정치하는 엄마들〉 같은 수준이 될 수밖에 없다. 학부모 운동이 진정 아이들을 위한 것이 되려면 학부모가 경쟁이 없어지면 무조건 좋다는 식의 평면적 사고에서 벗어나야 한다.

그런 의미에서 〈새싹부모회〉라는 신생 학부모 단체의 등장은 희망적이다.[12] 유아교육 분야로 활동을 시작한 이 단체의 주장은 일관성이 있다. 학부모의 선택권 확대를 요구한다. 그리고 아이들이 다양한 만큼 교육 내용도 다양해질 수 있도록 유치원 교육 현장의 자율성을 늘리라고 요구한다. 획일적 교육을 지향하는 국공립 유치원을 늘릴 돈으로 유치원 학부모에게 누리과정 지원금을 늘리라고 요구한다. 매우 일관성이 있고 학부모에게 실질적으로 도움이 되는 제안이다.

---

12 새싹부모회 네이버 블로그 https://blog.naver.com/jpcs18

〈새싹부모회〉 회원이 늘수록, 또 이와 유사한 학부모 단체들이 늘어날수록 우리나라의 교육이 미래를 향해 열리고 또 학생 맞춤형으로 변해갈 가능성이 높아진다.

이렇게 요구하시라

 이제 학부모들이 국회의원과 대통령과 교육부에 이렇게 요구해야 한다. 교육예산을 학부모인 우리에게 나눠 달라. 왜 당신들이 좌우하는가. 어떤 학교, 어떤 교육을 선택할지는 학부모인 내가 결정하겠다. 교육예산 총액이 60조 원이고 1인당으로 나누면 연간 1,300만 원씩이 된다. 그 예산을 우리 학부모에게 지급하라. 공무원들, 교육감들이 자기들 입맛대로, 자기들의 정치이념에 따라 마음대로 주무르게 하지 말라. 내 아이 학교는 내가 골라서 보낼 수 있게 해 달라. 그리고 선택받은 학교는 번창하고 그렇지 못한 학교는 문을 닫게 하라.

 세상에 똑같은 아이는 없다. 100이면 100, 모두 다르다. 그래서 교육은 종류가 많을수록 좋다. 내 아이가 학교에 맞추어 온 제도를 학교가 내 아이에게 맞출 수 있도록 제도를 바꾸자. 그러자면 학부모의 선택권과 디불이 학교들이 교육 내용을 소신껏 바꿀 수 있어야 한다. 그럴 수 있도록 국가의 교육에 대한 통제권을 폐기하자. 자유롭게 교육 실험을 할 수 있게 허용하라. 획일적 교과서는 폐지하라. 국가교육과정은 추상적 수준으로만 만들라.

사립을 공립처럼 만들려 하지 말고 공립을 사립처럼 자유롭게 만들라. 선진국을 보고 배우라. 미국의 차터 스쿨, 영국의 아카데미 스쿨 같은 사립형 공립 학교가 우리나라에서도 나올 수 있는 길을 터 놓으라고 요구하라. 대학입시도 다양화하자. 하버드, 예일, 프린스턴보다 SKY 대학 입시가 더 어렵다는 것이 말이 되는가. 대학들이 자유롭게 학생을 선발하도록 자율화하자. 그렇게 해서 더 이상 입시지옥이라는 말이 나오지 않게 만들자.

우리 아이들은 아무 때고 미국으로 독일로, 중국으로 나가서 취업을 하고 비즈니스를 할 수 있어야 한다. 학교 다니는 동안 그런 능력을 기를 수 있도록 원어민 영어 수업을 제공하고, 국제학교들이 자유롭게 문을 열 수 있게 하라. 내 아이도 그 학교에 다닐 수 있도록 국제학교에서도 바우처를 쓸 수 있게 해달라.

학부모들이시여. 이런 요구를 관철시키기 위해 힘을 합치시라. 현재의 교육이, 현재의 학교가 지금 상태로 머물러 있는 한 우리 아이들은 쓸모없는 지식과 정답 찍는 기술을 익히느라 황금 같은 어릴 적 20여 년을 낭비하게 될 것이니!

공교육을 뒤엎자

초판 1쇄   2022년 6월 17일

지은이   김정호
펴낸곳   비비트리북스
출판등록   2019년 9월 6일 제 379-2019-000100호

편집/교정   권현희, 문진환
디자인   케이엠디자인

주 소   경기도 성남시 수정구 위례순환로 220, 5512-1602
팩 스   031-696-5210
이메일   beebeetreebooks@naver.com
홈페이지   www.beebeetreebooks.com

Copyright ⓒ 김정호 2022
ISBN 979-11-91966-06-0 [03370]
값 18,000원

- 이 책은 저작권법에 따라 보호받은 저작물이므로 무단 전제와 무단 복제를 금하며, 책 내용의 일부 또는 전부를 이용하려면 반드시 저작권자와 비비트리북스의 서면동의를 받아야 합니다.
- 표지의 로고는 비비트리서체를 사용하여 제작하였습니다.
- 잘못된 책은 구입처에서 교환해 드립니다.